生命的园子

一个教育者的成长手记

都玉茹 著

中国人民大学出版社
·北京·

序一

善好生活，快乐耕耘

作为教师，最重要的是要有一个美好的生命姿态。如果一个教师热爱生活、热情洋溢、充满爱心地从事工作和生活，那他一定能带给人温暖、自信与教养；相反，如果一个教师心灰意懒、垂头丧气、灰头土脸、麻木不仁、冷酷无情，那很难受到学生的欢迎，他带给学生的很可能是羞辱、贬损、压抑、焦虑与沮丧。

如何才能有一个好的生命姿态？关键在于教师的自我成长。都玉茹老师的《生命的园子——一个教育者的成长手记》带给人的正是这样的思考和启迪。

我们可以有一千个理由抱怨生活，但我们没有任何理由拒绝成长。境由心生，操之在我。没有谁可以代替你生活，也没有任何人可以阻止你内心的成长。选择善好生活，即体面的、有尊严的、负责任的生活，精神高贵和优越的生活，正直与光明的生活，富于德性的生活，充满同情与关爱的生活，会让人感受到惬意与轻松、充实与和谐、心灵的舒展与富足。

因此，善好生活本身就是一种自我成长和自我实现的生命历程。当然，我们的成长又会反过来促进我们的生活，让我们更有机会、更有可能生活在既善又好的生活中。

走进都老师漫溢着生命芬芳的“生命之园”，我们看到的就是这样的美好。读书、交友、旅行、思考……她用这样的方式，拓展和丰富自己的生活，让“生命之园”飘逸花香、缀满果实。

《小窗幽记》中说：“闭门阅佛书，开门接佳客，出门寻山水，此人生三乐。”读万卷书，行万里路，交万种友，不仅是快乐的事，也会让我们成为更好的自己。

而作为教师，还有一种特别的快乐，那就是“教书”的快乐，引导和看着孩子成长的快乐。孟子提到的人生三乐中就有“得天下英才而教育之”一说。当然，不是所有的人都会体验到“教书”的快乐，有的人甚至会产生严重的职业倦怠。为什么呢？因为很多人没保有一颗童心，没有一个好的生命姿态。

都玉茹老师是一位快乐的老师，也是一位成功的老师。她把人生的每一次经历，都当成是一种修行，在其中不断寻找生活的乐趣，感悟教育与人生的真谛，构筑自己美好的精神家园。

在那片“园”中，我们与她的童年相遇了。初梦初语，童真童趣，多彩多姿。都老师要表达的，不仅是一种美好的感受，更重要的是一种人生体悟：“童年，生命初绽，天真未凿。捻一段童年的时光，忽然发现：童年的歌、童年的舞、童年的花、童年的梦、童年的率性与真淳、童年里的每一股跃动的水流，都绵延在我们的生命里，不经意间都变成了生命的颜色。”在她眼里，童年，何其美好，又何其珍贵。由此，她深情呼唤——教育，要守护童年，捍卫童心，给孩子一个自由成长的空间和真情洋溢的世界。

在那片“园”中，我们与作为教师的她及她的学生相遇了。在那里，我读到了一位普通的教师对教育的另一种解读：“让心相遇”“成为爱本身”“重要的是精神成长”“请允许孩子选择做一棵小草”“留着灯，留着门”。都老师的教育教学，不只是知识的传授，更主要的是人格的陶冶、精神的涵养、生命的润泽。都老师是在用心做教育，用爱做教育，用生命做教育。正如她所说：“让自己始终置身向上向善向美的状态，让心柔软，回归自然，成为爱本身”，用生命成全生命。

在那片“园”中，我们还与她一同细品书香，浴情山水，与友人名人对话……她在那里倾听、沉思、体察……她相信：阅读，会带给人无穷的智慧和力量；她相信：大自然是最丰富的教育资源，我们的每一次行走，都会获得丰厚的生命养料；她相信：以开放的心与优秀的生命相遇，会吸收更多生命的正能量。

她几十年如一日地力行这些价值观，时间让她的“生命之园”枝繁叶茂，芳香四溢。

如今，她把这“生命之园”呈现在我们面前，我乐意欣赏之，推荐之，愿她能启迪更多的教师，也愿更多的教师有一种美好的生命姿态——让自己始终置身进步的状态中。

肖川（北京师范大学生命教育研究中心主任、教授）

序二

美好相伴　不负此生

我们每一个人，面对的是同样的四季轮回、山川日月、百味人生，也同样面对自己内心的困惑与纠结。但是，每一个人，对世界的认识、对人生的体味和对自己灵魂的关照却是不同的，生命因此也有了不同。

都玉茹老师曾经是一名受学生喜爱的语文老师，现在是翁牛特旗的教研室主任，是一位不折不扣的教育工作者。然而，她的《生命的园子——一个教育者的成长手记》却并非完全从教育的单一视角切入，而是从生命成长的宽度、从生命体验的高度，“在记忆长河中淘洗出苍茫往事的美丽珠玑，用思索和追念细细抚摸”，最终呈现了这本留有生命温度和生命香气的、自然而美好的书，呈现了她那些独有的经历和体验。

从童年到中年的生命过程中，那些美好、感动和明丽的时刻，让你不知不觉去想象——有如此美好的生命体验，会成就怎样的一个人呢？

不得不说，作者是幸运的。她有一片那么丰美的杏园，有那么变幻多姿的一年四季；有家乡的那条小河，还有小河中欢跳的鱼儿；有北方的山，有草甸上迎风摇曳的马兰花；她有一个那么有故事的外公，有外公故事中的人生和历史；有草原文化的熏染；有亲情、有友情……更幸运的是：她捕捉到了其中的美好和感动，并让这些美好深深地影响自己的精神底色，丰富自己的生命体验。

作为老师与妈妈，她以自己的丰富，与另外一些年轻的生命相遇，在这样的相遇中，她感受生命与生命相遇的美好，留下爱、留下感动。而在这个过程中，也让自己的生命更加丰满。

生命像一条河，奔流不息，总有一些特别的地方决定了走向。当我们回首人生，你是否也能从中感知那些对自己生命有特别意义的时刻，有特别意义的人和事呢？这需要一个人沉潜下来静默思考，这就是一个自我认知的过程。一个人，认识他人并不难，但认识自己却不是一件容易的事情。而作者用这些文字，通过对自己的童年、阅读、旅行、交友、思考等情节的细细追忆，不断地接近自己、不断地认识自己。

品味这些带着作者体温的文字，除了感受到生命的美好，我还看到了另外的意味。那就是，作为一名教育工作者，文字的本意绝不只是对自己生命成长的追索，而是通过这样的追索，来思考教育到底如何成就一个完整的生命、成就一个完整的人，而非追求单一的功利性的成绩。教育，终究是成就生命的事业，是成就人的事业，除了知识与考试，应该让每个孩子学会体验美好、学会爱、学会交流、学会合作、学会悦纳、学会欣赏、学会思考……让他们在不断认识自然、认识他人、认识自我的过程中，明晰生命的意义与价值，感受生而为人的自豪与幸福。

要让生命达到这样美好的境界，也许真的要重新思考我们对教育的理解、对生命本身的理解，更好地关照自己的生命状态，同时也更好地关照你所能影响到的周围人的生命状态。特别是对作为“人类灵魂工程师”的教育工作者来说，真应该去不断思考在生命成长过程中，如何让生命在与自然的关系中、与自己的关系中、与他人的关系中，找到和谐与善美。从生命成长的高度，来认识与理解教育，才是教育应有的风景。

让美好相伴，才不负此生！对自己来说如此，对你所影响到的生命来说，更是如此！

赵小雅（《中国民族教育》总编辑）

自序

让"生命之园"芬芳四溢

2015年金秋，田野尽染斑斓，林间落英缤纷，云阔天高、稻香丰年。在这美好的季节里，《生命的园子——一个教育者的成长手记》与这个浪漫的秋天，一同绽放在我的面前。

望着这片，被秋色染透的盛景，与这方，萌发着勃勃生机的"生命之园"，心中涌起的，是喜悦，是感喟，是时间在指尖叩击发出的厚重感与沧桑感，是季节轮回、生命勃发展现出的质感与美感，那样持重、悠远，那样美妙、神奇。一如我心中流淌的记忆：那些人、那些事、那些风景，那些支撑我、激励我、推动我向着太阳奔跑的力量……

从事教育工作近三十年，我最大的收获是，渐渐学会了回到自我，回归本然，回到生活真实的情境中，去捕捉和探寻教育与人生的真谛。《生命的园子——一个教育者的成长手记》，是我作为一个教育工作者，以个人成长经历为线索，通过记录自己的童年以及教书、读书、旅行、与友人交会、沉潜思考中，发生的一个个真实的小故事，去解悟为人之道、为学之道、教育之道，以此唤起每一个教育工作者、每一位家长对教育的思考。

这也正是我的写作初衷。

记录童年生活，感受童年生活的真淳美好，是本书的开篇之作。于此，我想表达的主题是：捍卫童年，护卫童心。是的，童年是生命成长的萌芽期，是人生的黄金阶段，它涂染了我们的生命底色。童年的土壤中多一些阳光，我们的生命就会多一些灿烂；童年的土壤中多一些快乐，我们未来的生活就会多一些缤纷；童年的时光中多一些自然和舒展，我们的生命就会多一些自由和宽松。

今天的孩子们，有几人能拥有这样的阳光，这样的快乐，这样的自由和舒展？“大自然希望儿童在成人以前就要像儿童的样子。如果我们打乱了这个次序，我们就会造成一些早熟的果实，它们长得既不丰满也不甜美，而且很快就会腐烂。”（卢梭）我从自己而想到，教育，首先应该给孩子们一个美好的童年，即给孩子们一个自由成长的空间，给孩子们一个真情洋溢的世界，给孩子们心向自然的情愫。没有盆景工艺式的缠扎，没有驯技强化般的鞭打，让听从了自然法则的那个“自我”，获得足够的力量，并靠着这个力量，成为独立自主、善良美好的人。

“生命的园子”，是我反思自己几十年的教师生活，对教育教学的一点感悟。于此，我想与大家共同探讨的核心问题是：教育，除了留给孩子知识、技能，最重要的还应该留给他们什么？我想，是否应该留给孩子们美德，培植孩子们有一颗纯正善良的心。由此，我们的教育教学，在关注学生知识获得的同时，是否应该注入更多的精神元素，努力培养孩子们良好的精神气质，用我们自己的理想信念价值这些灵魂之光与雨露，催生孩子们的精神之花?

如何实现这个目标？我想仅凭灌输和说教是难于达成的，还需日积月累的浸润、熏陶和感染，即“用生命润泽生命”。真正的教育是生命与生命的相互摇动、滋润和点燃。由此，作为教师，我们需要不断地建设自己，让自己始终置身向上向善向美的状态，让心柔软，回归自然，成为爱本身，让我们的生命在与孩子们的生命交会中，相互浸润、相互摇动、共同成长。

没有广博的阅览，便没有思想的驰骋。教师要成为一个终身的阅读者，这是独立精神的活水源头。民族要想兴旺发达，繁荣昌盛，要自立于世界民族之林，需要一种振奋的民族精神。一个人要想走向成熟和发展，也同样离不开精神滋养。故此，教师要博览群书，便是我要分享的又一观点。狄金森说："没有一艘船能像一本书，也没有一匹骏马能像一页跳跃着的诗行那样——把人带往远方。"的确，阅读的世界比课堂大得多，好的书籍是最好的课程资源。阅读与表达是伴随一个人一生的基础能力。所有的这一切都呼唤我们：捧起书本，在灵魂深处存一笔精神财富。

读万卷书，行万里路。读书是一种精神滋养，旅行同样也是一种精神滋养。大自然拥有着无限丰富的教育资源。远离喧嚣，到自然山水中去寻一份清静、一份纯然、一份开阔，让不同的文化在脚步间交融。这无疑是对生命的净化和提升。陶行知说，"生活即教育"。一山一水是课堂，一草一木皆教育。今天的学习，不应囿于学校，课堂也不再是获取知识的唯一渠道。让我们用更多的时间，引领孩子们走出课堂，去看一看山的雄姿，去听一听流水的清响、鸟儿的婉唱……相信我们的生命，会在与自然的交汇中汲取到更丰富的精神养料，让生命在一次次的沉醉中，更加通透舒展，诗意地栖居。

读书让我们成长，旅行让我们成长，与知己、亲友、名家等相遇、相知、交流对话更能让我们成长。教育本身就意味着"一棵树摇动另一棵树，一朵云推动另一朵云"（雅斯贝尔斯）。而且，这种"摇动和推动”，绝非仅限于学校和课堂，她会发生在生命相遇的每一个场域。于我而言，近三十年来，正是在与我的学生、我的师长、我的团队的一次次相遇中，我的生命被激发、被点燃、被唤醒。

也由此，让我想到，作为教师，我们当有一颗赤诚的心、一种开放的心态，不断拓展生命的疆域，去赴一场场心灵的约会，用心，去倾听另一个生命的不同凡响，让生命，在一次次感动和震撼中不断升华。同时，我们还要引导我们的孩子们，学会合作、学会分享、学会悦纳，让他们拥有一个民主开放的心态、豁达的胸襟。这也是我们培养健全人格不可或缺的内容。

把多彩的生活沉淀于心，去思悟摄取生活的真淳，这便是思考的意蕴。一个人在沉思时，最容易回到本我，回到内心，让自己走向沉静与高远，让智慧生长出来。“沉思的花瓣”，即是我触摸生活、灵思跃动过程中的点滴收获。它让我真正意识到思考的重要，更加相信思考的力量。

回到教育教学本身来说，听读思说写，这五种能力都是塑造自己的途径。而思考力又是这五种能力的核心。“学而不思则罔”，思则变，变则进。教师学会思考，才会有专业成长；学生学会思考，才会获得智慧。

回望心中这片飘逸着花香、缀满果实的“生命之园”，激动之情又一次油然而生。因为选择了教育，我才拥有了这方美好的精神家园；因为投身了教育，我的生命才有了如此的况味。

童年、教书、读书、旅行、思考、与优秀思想交汇，这里的每一个时空，都是一幅生活的画卷，每一个时空，都留下我生命萌发成长的印记。

我想，人生就是一个不断修炼的过程，不断地修炼，让我们的生命芬芳多彩，也让我收获了这片“生命之园”。

我爱这片“园子”，这里有我的童年、我的热情，我的事业、我的学生，我的亲人挚友、我的生命导师，有我践行教育“回归常识”、思考教育意义、探寻教育旨归的精神原点和生长点。

望窗外，秋色正浓，漫山红叶在秋风中翩翩起舞。这是季节交替的旋律，是生命勃发的旋律。

我生命的田园芬芳四溢。

目　录

附录 / 229

初梦初语

童年，生命初绽，天真未凿。

捻一段童年的时光，忽然发现：童年的歌、童年的舞、童年的花、童年的梦、童年的率性与真淳、童年的每一股跃动的水流，都绵延在我们的生命里，不经意间都变成了生命的颜色。

好的教育，首先应该给孩子一个幸福的童年。

守候童年，守望孩子们的幸福。在每次朝阳升起时，让清新的水汽、无穷变换的光影恣意充盈孩子的心房。

让“真”的雨露、“善”的阳光、“美”的清风，伴随孩子成长……

我与杏园

杏园，我在岁月的深谷里不断地寻你，蓦然回首，你就玉立在我的面前，是梦是真，是念是暖……

从我记事起，记忆中便有了杏园。杏园，其实就是外祖父家的一个菜园，三棵杏树、一口老井、三亩半菜地，还有园中的一棵大榆树，是我儿时魂牵梦绕的地方。

我曾想，这个园子之所以被唤作杏园，或许就因为园中生长着的那三棵诱人的杏树吧。那灿烂的杏花儿、诱人的杏果儿，是我儿时最纯情的一个恋念。我爱杏园，正是从迷恋它们开始。

北国的春天总是来得迟，进入四月，依然是春寒料峭。但不管怎样，那三棵杏花都会如期开放。在我们眼里，杏花儿是春的使者，最早把春的气息、生命的气息传递给我们。

盼花儿开，盼春来，杏花儿开了，春天也就来到了。每年从这一刻开始，心便被杏园吸引去，一有空闲就往杏园里钻。

这个季节的杏树变化得特别快，暗红的枝丫才刚刚绽出苞芽，没过几天便结出红红的花蕾，一夜春风，像变了戏法似的，转眼便开出了鲜亮亮的花朵。盛开的杏花儿，清丽、温婉，那淡淡的粉色在阳光下分外耀眼。淡淡的花香，幽幽地溢满整个杏园，又从杏园一直飘到我的心里。

守在树下，看杏花儿在清风中摇曳，看白云在蔚蓝的天空中飘浮，心也跟着一起舞蹈。

杏花儿开了，温馨了整个杏园。仿佛是受了那片花海的感染，不久，园边的小草、畦埂上的各种野菜芽，都使劲儿地往外钻。

那是杏园中最早展现出的绿色，那嫩嫩的柔柔的绿，萌发着无限的生机，不断地在杏园中蔓延。这时候，外祖父、外祖母每天来园中的时间也多了，不上课的时候我便跟随其后，也就是从那时起，记忆里便铺满了红红绿绿、黄黄紫紫的瓜果蔬菜，也铺满了金色的阳光。

种在老井边的两畦韭菜，是杏园里最先长出的。它和那些小草一样早早便冒出油绿的新芽。

外祖父告诉我：韭菜是宿根草本植物，好侍弄。我那时对这些还似懂非懂，只知道，韭菜的根芽生长在土壤中，经历整个的冬季都不会冻死，待到每年的春暖花开，那芽就倔强地从土里冒出来，然后就长成绿油油的一片。

除了韭菜，外祖父还在园里种瓜，角瓜、黄瓜、南瓜、香瓜、西瓜都种。角瓜、香瓜、西瓜要压蔓掐叉，黄瓜、南瓜要整枝上架。我看过外祖父给西瓜掐叉，就是留下两三根藤蔓，其他的都掐掉，目的是给主根上结的瓜留有足够的空间和营养。

跟在外祖父身边，我学了很多关于栽种的知识，也渐渐对种植产生了浓郁的兴趣。

一个夏天的早晨，我跟着外祖母去给角瓜做人工授粉（我们那时叫“扣花”）。迎着夏日灿烂的朝阳，我与外祖母来到田边，一下便被眼前繁茂的景象吸引住了。角瓜秧大约有半亩地，长势特别好，瓜秧一棵挨一棵，每一棵瓜秧上都盛开着几朵黄灿灿的角瓜花儿。我忽然发现，原来角瓜花儿也那么美，它们披着晶莹的露珠，在金色阳光的照耀下，娇嫩嫩、水灵灵、湿润润，叫人好不欢喜。我观察着，那些角瓜花儿虽然外表相似，但仔细一看，却是两种不同的样态。其中一种花心吐着娇美的花蕊，花药上披挂着黄绒绒的花粉，那花蕊娇嫩欲滴，不小心一碰，那粉就会落在手上、衣服上，染上角瓜花粉的手和衣服，随之也就成了黄黄的颜色。

外祖母说这样的花是雄花（公花），雄花落了是不坐瓜的，它的作用是授粉，把那些花粉传给雌花（母花），雌花才能孕育出一个个瓜娃来。我怀着一种敬畏和好奇，继续仔细观察，真的发现有的角瓜花花心里生长着的是一个肥嫩嫩的柱头，柱头是浅黄色，羞答答地掩藏在花心里，看上去那么可爱、迷人，那长着柱头的花儿一定就是雌花（母花）了。我边认真观察，边学着外祖母的样子，把正开放的雄花采下，轻轻剥去花冠，露出雄蕊，再在雌花柱头涂抹几下，然后就把那雄蕊轻轻放在雌花的花心里。

这是多么美妙的劳动啊！童稚的心，涌动着无边的好奇、惊喜、快乐……

于是，给黄瓜、南瓜、豆角、西红柿整枝上架，帮忙栽种茄子、辣椒、橄榄菜秧，便成了我放学后的日常课。

绿叶菜也是园中的一大景致，白菜、生菜、菠菜、芹菜、香菜……一畦畦，一片片，绿油油，嫩生生。那些绿叶菜喜水，只连续一周不下雨，外祖父就要浇灌一次。这时候，老井便发挥出巨大的威力。那时候没有水泵，从井中提水靠的是人工和井上的那架水辘辘，用辘辘把水斗放下去，水满后再摇上来，然后把水倒在垄道里，一斗一斗再一斗。清清的井水，顺着垄道流进菜畦，要不了多久，被浇灌过的菜苗就挺起胸膛，焕发了精神，一夜之间就长出老高。

杏园老井的水是甜的，滋养的每一畦菜都有一种甜美的味道。杏园的土壤是香的，孕育的无数蔬菜瓜果都散发着香气，吸引了无数的蜂蝶、虫鸟前来采花饮露。我见得最多的是蝴蝶、蜜蜂、蚱蜢、青蛙、蟾蜍，偶尔也可见到几只蜻蜓飞来飞去。

我喜欢在园中痴痴地看蝴蝶飞舞。盛夏时节，园中的蝴蝶多得数不胜数，白花的、红花的、紫花的，都是那样美丽。那些小精灵在蔬菜花间翩翩起舞，常常看得我眼花缭乱，连心都跟着飞起来。蝴蝶双双飞，相依相恋，即使落入草丛也不分开。每次看到这样的情景我都会很感动，听了外祖父讲的“梁祝”，更对那翩翩的蝴蝶产生了无限的遐想，那双双飞舞的蝴蝶莫非就是身化彩蝶的“梁祝”？思绪飘得很远、很远……是迷，也是恋。

杏园东南角的那棵大榆树永远是那么生机勃勃。特别是到了夏季，大榆树枝繁叶茂，我在树下乘凉、玩儿五虎，或是静静躺在绿荫下看树影婆娑起舞，听风的声音、鸟的声音、阳光的声音、植物拔节的声音，一切都是那么沉静恬美。

秋天的杏园是一个五彩缤纷、果蔬飘香的诱人世界。绿色的瓜、紫色的茄子、红红的辣椒、紫莹莹的萝卜、黄澄澄的杏子，只那可爱的样态和颜色就十分诱人。在园里采收也是一件乐事。眼看着一个个瓜果被装在筐中，一个个大土豆从土里被挖出来，真有一种收获的喜悦。

我与杏园一起生长，它让我认识了土地，认识了自然世界的多姿多彩，认识了“春种一粒粟，秋收万颗子”，认识了“一分耕耘，一分收获”，认识了“种瓜得瓜，种豆得豆”，也让我渐渐知晓：自然万物，各有其生长特点、生长规律，只有顺其自然，它们才能更好地生长。

杏园之于我，是一方生命之园。它赋予我自然的营养、童年的趣味、成长的智慧。我真不知道，如果没有杏园，我的童年会怎样，我的未来会怎样。我深深懂得，我与杏园是一体的，无论时光如何流转，它就根植在我生命的园里。

悠悠幸福河

一直都很喜欢有水的地方。水能滋养万物，更能温润心灵。江河湖海，凡是有水流动的地方无不令我向往，也无不让我深深地怀恋与感动。这一切，都源于我心中一直奔腾着一条绵长温暖的水流，那是陪伴我走过童年时光的河流——幸福河。

清雅、纯净的家乡小镇，背靠几座秀丽小山连成的“愚山”。山的后面是波涛滚滚的西拉木伦河，幸福河就是从“愚山”的最西端、西拉木伦河的上游分出来的一个小小支流。

从西到东，它流经整个小镇，清凌凌地蜿蜒流淌，像是铺展在小镇前面的一条闪闪发亮的银丝带。

每天，我们感染着它的气息，沐浴着它的温情。它流进我的心里，也流进我儿时幸福的梦中。

春天的幸福河，清澈、激昂、生动，孕蓄了一个冬季的内韵和力量，连那汩汩流淌的水声都那般响亮和振奋人心。春季的河水很凉，我们不能下水，但河的两岸是我们探春寻柳的好地方。看柳枝渐渐冒出新芽，看苇草偷偷绽出新叶，听幸福河水淙淙流淌的美妙声音，我们的心与幸福河、与整个春天一起萌动、激昂。

夏天到了，幸福河处处长满了诗情，水光潋滟，静婉、温柔、舒展、明亮。岸边的柳树与水草长得蓬蓬勃勃，柔枝披风，青草带露，真让人心旷神怡。更吸引人的是河里生长着无数水的生灵：有鲫鱼、鲢子、泥鳅，还有一种叫作鮸鱼的鱼，大脑袋，身体越往下越细。这种鱼没有鳞，浑身光滑得像涂了油的小孩儿的身体。除了鱼之外还有蝌蚪、小虾、小水虫等，水草茂盛的地方也常有水獭、水蛇出没。这一切，都让我们更加迷恋幸福河。

大人午睡时是我们最快乐的时光，那时的幸福河便成了我们自由玩耍的天堂。最有趣的是捉小鱼、捉蝌蚪。用手或者小铲子在河岸边挖出一个个小水坑，用泥沙把四边围高一点，用水盆把水坑灌满水，这就给小鱼、小蝌蚪们建起了另一个家。五六月份的时候，蝌蚪多得数不胜数，蹲在水浅的地方用手轻轻一捧，几只或者十几只小蝌蚪就会落入我们的手心。捧在手心里的小蝌蚪活蹦乱跳，小眼睛眨呀眨的，软绵绵的身体贴着我们的手心，痒痒的、暖暖的。我们轻轻地把它们放在建造的“家”里，它们就在那儿快乐地游了起来。

抓小鱼就没那么容易了，那些小鱼太机灵，眼看着它们游过来，还没等你伸手去抓，它们便嗖地一下“飞”到很远。据说它们会听声，有一点响动就会立刻逃开。我们只有变换一种方式，寻找水再浅一点的地方蹲下来，静静地等待着……忽然有几条小鱼游过来了，我们便迅速跳进水里用水盆去舀，一次不行就两次，功夫不负有心人，总会有几条小鱼被舀进水盆中，虽然数量很少，但我们也很满足了，乐颠颠地把小鱼放进水坑里，眼睛一眨不眨地看着小鱼游来游去……

正午的幸福河在灿烂的阳光下清透、明亮，它和我们一起欢笑着、幸福着。我们坐在用石头垒成的小凳上，用树枝做伞遮阳，小脚丫伸在温热的水里……世界是如此安静美好、澄澈无瑕、丰盈无比，幸福是如此简单、纯粹。

幸福河是家乡人的生命河，听大人们说，那时全镇大大小小的田园都是靠幸福河的水来浇灌。有幸福河水的浇灌，家乡人是富足的，有幸福河水的滋养，家乡人是幸福的。初中时读辛弃疾的《西江月・夜行黄沙道中》“稻花香里说丰年，听取蛙声一片”，想来便是这样令人沉醉的场景。

冬天到了，幸福河的水冻结了，幸福河变成了冰河。我常常望着那宁静的冰面凝想：那些小鱼呀、小虾呀，不知都跑到哪里去了，它们会不会冻死？这个问题，在小舅那里得到了答案，他告诉我：到了冬天，河水表面被冻结了，但水深的地方，还有活水流动，那些小鱼小虾都跑到了水深的地方，或者钻到水底的泥沙里冬眠，那厚厚的冰层就像给它们盖上一层棉被，为它们遮挡住严冬的风寒。到了第二年雪化冰融，那些鱼呀、虾呀都会活过来。小舅还告诉我：生长在我们北方地区的鱼虾都非常耐寒，在4℃左右的水中就能活。

这到底是不是真的呢？想让这个答案得到验证，只有撬开那厚厚的冰层。于是，我试着用铁棍刨开一个冰洞来探虚实，却总因为力气太小而难成心愿。

这件事成了我的一个心事。终于，有一个冬天，这个答案得到了验证。不知是谁在河面上刨开一个冰洞，也不知那刨冰洞的人到底为何而为，但那个洞，却“洞”开了我久聚心中的疑虑。我大喜，和伙伴们小心地走近那个冰洞，定睛凝视，原来厚厚的冰层下面，真的还有另外一个世界——水的世界。

看来，那些小精灵们真的是有活路的，我惊叹不已。

冬季的幸福河平滑如镜的河面，是孩子们最好的游乐场。打冰尜、滑冰车……

那时我最羡慕那些会滑冰的男孩子，他们穿着冰鞋，在冰上尽情滑行，那姿势十分优美、舒展和潇洒。我暗暗下定决心，一定要学会滑冰。

我第一次跟小舅学滑冰，穿上冰鞋，把鞋带系紧，然后慢慢站起来，先在场外平地上练习像平时一样走路，感觉自如了，再慢慢走近冰场，学着滑行。小舅一边介绍着，一边在旁看着我，他既不帮我穿冰鞋，也不扶我练习走路，即使我摔倒了，他也要让我自己慢慢爬起来。后来他干脆就丢下一句话："自己练习吧，不怕摔跤你就能学会"，然后穿上冰鞋，轻盈地从我的身边滑走了。"这算是什么师傅呀！"我心里抱怨小舅的怠慢，感觉自己就像一个刚刚学着走路的小企鹅。

忘记练习了多长时间，也忘记摔过多少次跤，我终于学会了滑冰。

后来我知道：滑冰是一项集速度、协调、力量、耐力、柔韧、平衡、灵活、优美、稳定于一身的运动项目，有助于锻炼身体的协调能力。从自己学滑冰的过程中，我更体悟到：这种速度、协调、柔韧、平衡、灵活、优美、稳定，不会一蹴而就，而要经过不断地练习、体验、磨炼渐进而成。毫无疑问，"耐力"很重要，这应该就是小舅说的"不怕摔跤"。

那个冬天给我最深的记忆就是滑冰。我想，是幸福河给予了我勇气、智慧、执着和坚定。

我终于明白，这么多年来，幸福河在我心里沉淀的到底是什么，我为什么会不断地回想。我是喝着幸福河的水长大的幸福河的孩子，是幸福河养育了我。

幸福河的灵动、激昂、温情，至今还在我的血管里翻腾。

马兰花儿开

童年的一份天真、好奇、痴爱，在今天看来，是生命的至纯至真。它们为生命留下一片片芬芳。

经历了冬季寒潮与冰霜的洗礼，四月的北国，显得格外精神与秀丽。盼望了一个季节，等待了一个季节，想念了一个季节，北国的春天在孩子们的望眼欲穿中、在孩子们美丽的幼梦中款款而深情地走来了。

草绿了，树绿了，山也绿了……当绿色装点了整个乡村，山野中、草甸上各色的野花也都次第开放，那是记忆中家乡最美的景致。我的童年就与这烂漫的山花结下了不解之缘。

家乡的春天，虽没有江南众多的名贵花种，却有着开不完的各色野花。蓝莹莹的鸽子花、黄灿灿的金针花、粉绒绒的蝶恋花、火红火红的小百合……那样的妩媚、动人、耀眼、绚烂，让我们的心也沉醉，于是，我们牵恋着它们、呵护着它们，与它们为伴、和它们对语，做着花儿的梦……

记忆中，鸽子花的花期很短，花瓣也很脆弱，从开到落最多只有十几天。我们当然是不会甘心的，那么美丽的花怎情愿它枯萎凋零？所以，每到鸽子花开放的时节，我和小伙伴们总会开展“解救鸽子花”的行动——爬到山坡上把鸽子花从土层里挖出来，然后带到家里，插在盛满水的瓶中，鸽子花也真领情，倔强地抬着她娇美的头，让满屋溢满馨香……

然而，一天、两天，鸽子花还是凋谢了，它把生命的最后的一份美艳、最后一缕幽香留在小屋，留给我。眼睁睁看着那么美丽的花朵枯萎凋落，对于一个爱花的女孩子来说，总不免黯然神伤。好在，山野中还有很多很多的花儿盛开着，我的花儿梦还可以继续。

家乡的六月到八月，是马兰花盛开的时节，马兰花不择地势，山野中、草甸中、土坡上……随处可见她的倩影。我爱马兰花，它是我童年最美的一个梦。

初夏，星期天，我和莲妹商量好要去离家不远的敖包山看我们的马兰花，说是“我们的马兰花”，一点儿都不为过，因为在我们心里，那些花儿都是属于我们的，我们会把那开满花的山坡分成片，那一片是莲妹的，那一片是我的……

我们走上山坡，只见一簇簇、一丛丛蓝色的马兰花开得格外美丽耀眼，阵阵清香，仿佛从天边飘来，柔软、细腻。在莲妹的那片花海里，有一丛长势特别好，叶茂花多，有几个大大的花骨朵儿正含苞欲放。我俩就围坐在这一丛花前，久久地、久久地凝视着这蓝莹莹的精灵，不愿离去，也不舍离去。莲妹忽然提议说：“天色还早，我们就守在这里等待看花开吧。”“看花开？好呀！”我一下子被这个提议打动了，我还从来没有看过花儿开放的过程，如果能亲眼看见，那该是多么美妙的事呀！于是，我们两个小姐妹就那样痴痴地、傻傻地，蹲在山坡上，守望着那含苞的花蕾，等待它的开放。

大约一个小时过去了，可那几个花蕾像是故意捉弄我们一样，一点儿动静都没有，我们就继续等。已近正午，热辣辣的太阳晒得我们的身上和脸上也是热辣辣的，但是，我和莲妹谁也没提出要离去，还是坚持着……

也许是上天真心眷顾这两个爱花的女孩儿吧？忽然，一阵微风拂过，最大的那个花苞外层瞬间绽出两片花瓣，慢慢地、慢慢地，其他的花瓣也都舒展开腰身，绽放它们最美的姿态。开了！马兰花真的开了！一片温馨的香气浪一样翻滚而来，我和莲妹一下子都沉醉在马兰花的馨香中，不说话，也没有任何行动，只是痴痴地、痴痴地望着那丛美丽的花儿。生命的纯净之真，在心间淡淡升起。美丽的马兰花呀，就这样悄悄盛开在两个女孩儿的心里，这也许就是我们一生最美的相遇！

每天放学后，我和莲妹都要悄悄去看我们的马兰花，那感觉就像是做着一件无比庄严而神圣的事情。我们守着那份美好。

有一天莲妹对我说，她要和父母搬回沈阳了。一种莫名的感伤，一种依依不舍之情忽而弥散在我的心间。

六月说走便走，悄无声迹；七月说来便来，深情而寂静。七月来了，莲妹也要离开了。临走的前两天她要我陪她去看"我们的马兰花"。那一天，瓦蓝瓦蓝的天空，像刚用水洗过一样透明、澄澈，山野一片寂静、空灵。我们坐在那开满马兰花的山坡上，深情地凝望着那片天、那片地、那片美丽的花海，心里有一种说不出的滋味。是呀，这里曾留下我们多少童年的梦幻，也曾留下我们多少美好的情谊……

我们就这样静静地凝望了许久，忽然，莲妹站起身来，径直向一丛盛开的马兰花走去，我没有跟着她，只在那里默默地注视着。她走近那丛马兰花，慢慢蹲了下来，然后双手合十，似有所语。我知道，那是她与她心爱的马兰花做着深情的道别，用她与马兰花的花语。那一刻，我感觉整个山野都震撼了，因了那花儿、那女孩儿、那人间情味。

七月的一天，莲妹和她的父母一同走了，带着马兰花的梦，带着童年的梦，走向了那个陌生的城市，走向了她的新生活。于是，我守望马兰花的诗，唱着我们的歌，默默等待着重逢的日子。

十一岁那年，我也离开了家乡到外地读书，自此，也离开了我亲爱的马兰花。但心里的那份思念、那份感动却一直陪伴着我。是呀，马兰花开时，装扮了整个山野，而当马兰花落下时，却装扮了整个世界，装扮了我们一生。美丽的马兰花、坚强的马兰花，已开在我的生命里，花落，叶更绿，花尽，情依然。

原来，有些情感，是刻在心底的朱砂，不管历经多少年，都深挚得无法去告别，就如我对马兰花、对莲妹的那份纯真情谊。

又到了马兰花盛开的季节，凝想中，一缕幽香已悄悄飘进我的心里……

听外祖父讲那书中的故事

多年来，我的耳畔，常常回响起外祖父亲切的声音；我的心底，始终铭刻着蕴含声音与文字之中的风华、理蕴。

外祖父去世快二十年了，但他常常出现在我的梦里。前天晚上我还梦见他，那情境仿佛是在杏园中，他的表情依然是那般宁静安然，长长的银白色的胡须，整个人看上去十分恬淡安适，和他生前的状态一般无二。

我把这个梦说给母亲，母亲说："日有所思夜有所梦，你是想你外祖父了。"我想，也许是吧。近期梳理书稿，时常就会想起他，因为我的童年很多是与他有关的。

我是听着外祖父的故事长大的。在我的记忆里，外祖父读过很多很多的书，而且会说书、会写诗、会写对联、会看风水，还打得一手好算盘。

印象最深的是听外祖父说书。那时候家里没有电视，没有电脑，小镇上有个电影院却不经常放电影。所以，每当夜幕降临，各家各户的灯光亮起来，喜欢听书的大人和孩子们就聚集在外祖父家的东屋里听他说书。

至今我还清晰地记得那有趣的情景：外祖父总是盘腿坐在炕桌旁，那些来听书的大人或孩子们，有的围坐在外祖父身旁，有的坐在地上的板凳上，有的干脆就坐在外祖父家的窗台上。总之，炕上炕下都挤满了人。大家都很和乐，也很规矩，不管人多人少，只要外祖父一开嗓，屋里就立即肃静下来，只听见外祖父一个人朗朗的说书声。

那声音抑扬顿挫，充满磁性、充满诱惑，在清风徐徐的春夜，在月上柳梢的夏夜，在稻谷飘香的秋夜，在雪花飘飘的冬夜，穿越寂静的夜，传入我的心底……

外祖父讲的书很多,《儒林外史》《聊斋》《水浒传》《三国演义》《红楼梦》《林海雪原》……很多书名我已经记不太清。外祖父说起书来是绘声绘色。有一次他讲《三国演义》中的“桃园三结义”一节：

> 话说中山靖王刘胜之后刘备——刘玄德。有一天，他来到街上，走到一张榜文前，边看边长叹。就在这时，忽听背后有人说：“男子汉大丈夫不思为国出力，在这里叹什么气？”刘备回头一看，眼前站着一个壮汉，这人就是张飞。刘备抱拳稽首，说出自己名姓，然后说：“我想精忠报国，可惜力量不够，所以长叹！”张飞大手一挥说：“这没什么可难的，我可以拿出家产，招兵买马，创建大业。”刘备听后，非常高兴。二人携手来到一个小店，要了酒菜。酒过三巡菜过五味，两人越说越热乎。这时，门外突然来了一个红脸大汉，只见那人威风凛凛、相貌堂堂。来者不是别人，正是关羽关云长。刘备一看此人相貌不俗，连忙同张飞邀他一同饮酒，关羽落座，三人谈志向、说报国，越说越投机，一直到天色将晚才散去。第二天，这三人来到一个桃园，点燃香烛，拜告天地：不求同年同日生，但求同年同日死……

外祖父讲得激情澎湃，我听得热血沸腾，那些英武的形象，那些温情的絮语，那些时间和历史的画卷，跨越漫漫时空，一点一点地跃入我的心灵。我的童年生活，因为有了这些而充满梦幻和神奇的色彩，这也许就是童年阅读的张力。我常常被外祖父那些生动的故事感动着，也常常会浮想联翩，有时还情不自禁进入角色中。

依稀记得是一个秋季的夜晚，肃杀的秋风中携带着凉意，那个迷人的老屋照例延续着一个动人的故事：《红楼梦》第 27 回“黛玉葬花”。

外祖父娓娓道来，声音中充满悲凄，屋里一片寂静，似有花瓣飘落下来，飘落在落满秋叶的院子里，落在我的心底，眼泪不知什么时候悄悄滑落下来。童稚的心很容易被打动，不知多少次，我在外祖父描绘的图画中、动人的情境中，走进一种生活，走进一个完全陌生而又充满诱惑的新世界。

听外祖父说书，让我每天心里都有一个盼头，焦灼而甜蜜。外祖父一字一句地讲，我一字一句地听。讲到“火烧赤壁”，我的梦里充满了翻卷的江水；讲到“木兰从军”，我的眼前会浮现出一个女扮男装、驰骋疆场的巾帼英雄；讲到“林海雪原”，我的眼前又会展现出无数战斗英雄驰骋于茫茫雪原中的情景。想象，引发无穷的遐思。那些美好的东西，比如豪情、友情、爱情、亲情也因那澎湃的想象而发酵、升华。

除了说书，外祖父闲暇时还为我讲故事，“苏武牧羊”“曾子避席”“孔融让梨”“岳飞刺字”……我佩服外祖父惊人的记忆。在我的心目中，外祖父有永远也讲不完的故事，那些故事像开满各色花儿的树，长在我童年的记忆里和梦里。

外祖父还教我唱歌，虽然嗓子不太好，但他唱歌很动情。我至今还记得他教我的那首《乌鸦之歌》：“乌鸦乌鸦对母孝，乌鸦真正孝，乌鸦老了不能飞，就乖乖找小鸦替，小鸦到处去打食。打食归，献父母，老鸦在巢喜睦睦……”我和外祖父一个“小鸦”，一个“老鸦”，就那样其乐融融地唱着……

我很庆幸，可以与那些动人的故事、那些感人的歌相遇，而且是在童年与它们相遇。它为我的童年增添了无穷的乐趣，也为我的生命注入了更多的精神元素。

或许，就是从那时起，书也好，歌也好，已不经意地进入了一个孩子的情感世界和生命的原野。

它们是“酵母”，在我的生命里不断发酵——

我爱外祖父，爱他的那些故事。虽然，他老人家连同那个长满故事的老屋早已经不在了，但他给我讲的那些故事，至今还在我耳边回荡。

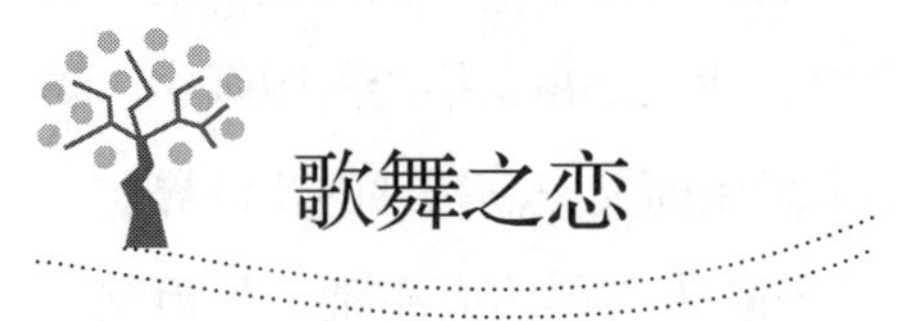

歌舞之恋

歌唱是情感的抒发，舞蹈是生命的表达，二者都能触及灵魂……

我从小生长的那个小镇，不但环境优美、人杰地灵，还是一个有着悠久文化传统的歌舞之乡。或许是从小便感染了歌舞的文化气韵吧，对歌、对舞，我一直有着一种原始的、莫名的痴恋与向往。

在我的心目中，那些歌者舞者都是美的天使，我喜欢他们，喜欢他们唱的每一首歌，更喜欢他们在舞台上那迷人的姿态。

盛夏的草原之夜，有一种迷蒙的美。第一次看“乌兰牧骑”文艺演出，就是在这样的一个夜晚。舞台坐落在幸福河南岸幽静平坦的白音花草甸上，一个用草胚和木板搭成的十分简易的露天大台子，两盏挂在木杆上闪着“金光”的电灯，在我的眼里，却是十分华美与壮观。

悠扬的马头琴响起，十六位身穿蒙古族服装、头系红色彩带的女孩儿，舞动着优美的身姿，像蝴蝶一样翩翩飞向舞台中央。星辉灿烂，灯光闪烁，照着那些年轻漂亮的脸，我的眼睛一亮，心早已被卷入那美妙的旋舞里，舞动着，舞动着……

记不清那是什么歌、什么舞，只记得心是迷醉的感觉，好像被什么美好的东西包裹、拉扯着……

那天，我们大概看了十几个节目，除了舞蹈还有合唱独唱，印象最深的是男声独唱《草原夜色美》：草原夜色美／琴曲悠扬笛声脆／晚风吹送

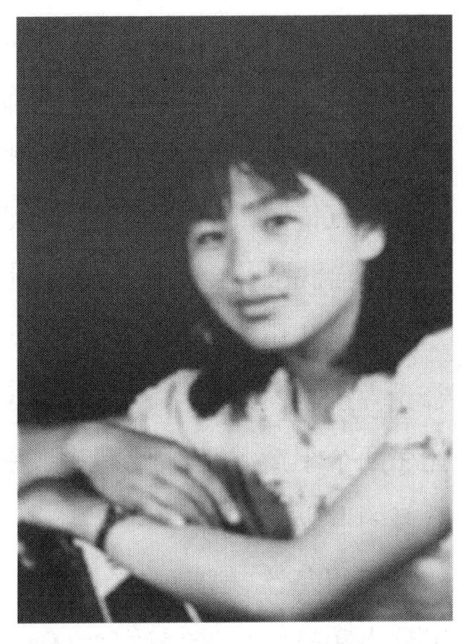

天河的星啊／汇入毡房闪银辉／草原夜色美／九天明月总相随／晚风轻拂绿色的梦／牛羊如云落边陲……美丽的歌声伴着阵阵的奶香、草香飘向草原的深处，又从那里飘过来，穿越人群、穿越星空，直抵我的心间。此时，夜正浓，情也正浓，也许是歌词的美正好映衬了那美丽的夜晚，也许是因为一颗年轻的心早被那美的歌舞征服，总之，我有一种被融化了的感觉。美丽的歌舞已经流淌在我的生命里，永远都无法分开。

对歌舞的挚爱，让我多了一份执着，也让我们本就和谐的家常常充满欢声笑语。

听妈妈说，那时我常常一个人跑到没人的地方扭来扭去地练舞蹈，有时边唱边舞，那陶醉的样子令妈妈至今说起来还笑个不停。

我的三个舅舅都会拉胡琴、吹笛子。那时候，只要一有时间他们就拉起胡琴或者吹起笛子给我们伴奏，让我们唱歌，我们就欢天喜地地唱……那是多么令人陶醉的欢乐气氛啊！琴声、笛声，伴着童稚的歌声、笑声，飘荡在小院的上空，也飘荡在我们的心里……

小学四年级的时候，我被选入了学校的文艺宣传队，有了专门的音乐老师辅导练声和排练舞蹈。在文艺宣传队里，虽然我的音乐资质不是很出色，但我却是最用功的队员，只要是音乐教师布置的练功项目，我都会认真去练习，所以，几次演出后我便成了舞蹈队里的领衔演员。音乐老师夸赞我是表现力最好的孩子，我当时还不能领会所谓“表现力”的深刻内涵，但我相信，我是在用心舞蹈，用心捕捉那美妙的神韵。每一次伴着优美的音乐翩翩起舞，我都会如醉如狂，仿佛有一种东西召唤着我、牵引着我，我感觉我不是在跳舞，而是在追逐，在奔跑，奔向草原、奔向大海、奔向太阳、奔向一个无比美妙的世界，那是一种身心灵的完全融合。

十三岁那年，我又被选入镇上的文艺宣传队，自此便有了更大的表演舞台。宣传队的队员大多是本地最优秀的歌手、琴手、舞蹈演员，还有一些是来自沈阳、上海的知青，他们多才多艺又充满朝气。

我是队里唯一的小不点，得到了哥哥姐姐们的无比宠爱。他们常常领着我去练功、看山水，有两个大姐姐还经常给我梳洗打扮，给我买蝴蝶结扎在两个小辫儿上。我喜欢那里的生活，我陶醉在真情的世界里，陶醉在歌舞的世界里。

记得每次表演那个《逛新城》，我都会赢得热烈的掌声。边歌边舞，用歌声和舞蹈尽情表达父女俩“逛新城”的喜悦，我感觉那时候我不是在舞台上，而是跟着自己亲爱的老阿爸，走在令人神往的草原新城。那个时刻，我真正体会到了歌舞的力量，歌舞的美好。

我喜欢歌舞，不但因为它的音韵之美、和谐之美，更在于它是一种生命的表达、爱的表达，是生命力量的释放与迸发。我喜欢那样投入、沉醉、忘我的感觉，圣洁、优雅、高尚、恬淡而又热烈。它承载我的忧伤，寄托着我无尽情思和绵延的爱，也让我的生命进入了另一种状态。

时光流转，我离开了歌舞之乡，离开了文艺宣传队。但我一直爱着歌舞，爱着那样的韵致。如今自己虽然歌喉嘶哑，身体也不再那么柔软，但那份执着、那份爱却从来都没有离开过我。真的，不论我身处何方，每当听到那悠扬的乐曲响起，我就立刻像孩童一样跳跃、旋转……

我常想：一个人能够保持一颗童稚之心真好，它会让我们忘记了自己的年龄，忘记烦忧。我们的生命需要那样的状态。

去热爱歌舞吧，它会让我们永远保持一份真性情，保持一颗不被浮躁侵蚀的“文艺”心。

妈妈，我们心中的太阳

全部的教育，或者说千分之九百九十九的教育都归结到榜样上，归结到父母自己的生活端正和完善上。

——托尔斯泰

流年似水，温情如花，老妈今年已经七十一岁了，但她的生活还像年轻人一样充满诗意。她是个非常普通的女人，没读过几年书，也没做过什么像样的工作，但我一生都在仰望她。

老妈温厚善良，她十九岁便和我老爸结婚。那时，祖母早已过世，和他们一起生活的有祖父、未出嫁的姑姑、读高小的二叔，还有双目失明年仅十三岁的小叔。一个刚刚步入青春年华的女孩从此便担起了家庭女主人的重任。

外祖母曾给我们讲，老妈那时非常不容易，她一边要照顾一家人的生活，一边还要在爸上班的那个学校做工。姑姑出嫁后，照顾小叔的事就全部落在她的肩上，但她从不抱怨，她早已把小叔当成了自己的亲人、自己的孩子。

小叔是个盲人，脑子也有些迟钝，但他却能体会到一家人，特别是老妈对她的好，他依恋她、爱戴她。

二叔成家后，有一次把小叔接了过去。大约是一周后，爸去看他们。吃过饭，小叔听说爸要走，拿着自己的包裹就跑出来要跟爸回家。婶婶问他为什么要回去，他先是嘴里嘀咕着不说话，可能是怕爸不带他走，最后还是喃喃地答道："我想家，想嫂子。"听了这话，看着眼前这个傻乎乎的弟弟，刚强的爸眼睛湿润了……

那时我已经记事，我清清楚楚地记得，爸领着小叔从二叔家回来时小叔那高兴的样子，这个三岁就失去母亲而又双目失明的男孩早已把年轻的嫂子当成了自己的妈妈。他的眼睛虽然失明了，但是他的心是透着光亮的，是妈妈给予他母亲般的温暖与爱，让他的心不断地感受到光明和家庭的温暖。

爱是可以传递的，妈妈爱小叔，我们也爱小叔，小叔也爱我们一家。只要能帮忙干的活，小叔总是尽量去干，比如帮忙带孩子、往家里背柴，老妈把捆好的柴放在小叔的肩上，小叔就一溜小跑地把柴背回家。一家人其乐融融，日子过得安稳而又充满温情和快乐。

老妈不但对我们、对小叔如此疼爱和呵护，对别人家的孩子也是那么充满爱心。

莲妹是老妈在幼儿园工作那段时间带的孩子，她是白叔家的独生女，娇气任性，吃饭一定要吃白米饭，吃菜也总是挑挑拣拣。可能是因为偏食导致营养不良，莲妹从小身体很瘦弱，白婶很着急但也没办法，老妈就把莲妹带到我家和我们一起玩儿。莲妹比我小一岁，老妈总是嘱咐我要多让着莲妹、照顾莲妹。那时我家里也没有什么好吃的，老妈就想方设法做一些比较稀罕的饭食给我们吃，比如豆面卷子、瓜菜饼、榆钱饭等，看到我们都吃得津津有味，莲妹也吃，后来她竟然爱上了我家那些比较粗糙的饭食，成了我们家的又一个宝贝闺女。

"爱的给予既不是谦卑地奉献，也不是傲慢的施舍，它出于内在丰盈的自然而然的流溢……"

老妈是一个温暖、和善、柔情似水而又十分坚强的女人。她用温情和爱，温暖着这个家，也温暖着周围的人。

一向身体健壮的老爸，四十岁那年忽然就病倒了。那是一个秋季的夜晚，爸忽然腰疼得厉害，他脸色煞白，大颗大颗的汗珠顺着额头和脸颊流下来。看着爸那痛苦的样，我们都吓坏了，老妈紧紧地握着爸的手，那样子恨不得自己能够替代爸的疼痛。爸平时经常看一些医学书籍，也略懂一些医术，他说不要着急，可能自己是得了急性肾炎，明天到医院看看就好了，老妈哪会放心，她让姐姐和妹妹守着爸爸，拉起我就去找大夫。

那是个阴天，外面很黑很黑，去陈大夫家要翻过一道山梁，可能是因为紧张，也可能是第一次走那么黑漆漆的夜路，一种恐惧感忽然笼罩过来。我跟在老妈身后，紧贴着妈的身体，磕磕绊绊地往陈大夫家走。老妈可能是发觉了我的紧张，她紧紧地拉着我的手，轻声说道："丫头，别着急，陈叔家就快到了。"她边安慰着我，边给我讲起了我小时候的故事，说我很小的时候就特别乖，很少有哭闹的时候，白天爸妈都忙，就把我放在外祖母家，外祖母忙的时候，老妈就把我用布袋捆在她的背上。我也不闹，而是自己玩儿，有时玩着玩着就趴在老妈的肩上睡着了……老妈的话是那么温柔，像漆黑的夜里燃起的一团火。我的紧张情绪不知不觉就烟消云散了，只感觉她那拉着我的手是那么温暖、有力。

爸患病的那段时间，老妈几乎每天都陪在他身边。晚上，爸有时腰疼睡不着，老妈也不睡，而是陪着他聊天，或者用热毛巾帮爸敷在腰间。陪伴，是最长情的告白。在老妈的精心照料和大夫的积极治疗下，爸的身体逐渐好了起来，而老妈却瘦了一圈。

老妈还是一个乐观、豁达、心静如水的女人。她在幼儿园当过阿姨，在学校酒厂当过工人，在食堂给老师做过饭，她不论干什么都是那么认真、勤恳，不辞辛苦，她为人真诚、宽厚、热情、大度，和她在一起工作过的同事、学校的老师们还有我家附近住着的知青，都亲切地叫她吕姐姐，都愿意和她亲近，把她当成主心骨和最亲近的人。

节假日是我家最热闹的时候，那些不回家的老师或者知青会聚集在我家，本来就不宽敞的三间小屋拥满了人。老妈每次都要留他们和我们一起吃饭，他们也不推辞，他们已经把这个简朴的家当成了自己的家，当成了他们感受亲情温馨的美好家园。

妈妈无私的爱感染着我们，也让我们学会了自信、坚定和不屈不挠。

还记得我刚刚离家读书的那段时光，每次老妈都会到车站送我，她没有太多的话，却总是用那么深情温暖的目光注视着我，一直等到汽车走了很远很远她才离开。我知道，那目光中包含妈妈太多的嘱托、期待、不舍和爱。多少年了，那目光一直定格在我的心里。

离开温暖的家，离开亲爱的妈妈，我想家啊，但我在心里告诫自己，我要学会坚强，我不能辜负妈的希望，于是我把思念化作一种力量，沉淀于心底。想家的感觉越浓烈，对老妈那份感情的体会就越深刻。后来这份感觉就变成了另一种东西——对美好人性、对真善美的敬仰和追寻。我对家的眷恋，对妈的思念也有了另一种表达方式：努力学习，好好做人……

那段时光让我对人生也有了更多的思考，我常常把那些感受诉诸笔端，剪一缕情思、叙一段佳话，寄给我远在家乡的爸爸妈妈。深沉的爱，点燃了我浑然不知的激情，我悄悄爱上了写作，我的书信，也成了爸妈那时最美好的一个期盼。

这是爱的诱发、导引、流溢……

老妈虽然上了年纪，但她还是那么热爱生活。她喜欢自然，正如喜欢她的孩子和她的家。前几日我带她去广场看花，那几日丁香花开得正艳，那一片片一簇簇粉色、白色、淡紫色相间的花儿绚烂夺目，散发着幽幽的花香。看到那美丽的花海，妈快步奔过去，她用手轻轻抚摸着花朵，嘴里不停地叨念着："这花开得真好看，这味道真香啊。"她一边叨念着一边捧起一朵花放在鼻端嗅着，那忘情的样子，真像个孩子。

我慈祥的老妈，我心中的菩萨，她美丽的笑脸，她圣洁的心灵，像她手捧的鲜花。我想把整个春天送给她，我想让她永远生活在春天里。我相信美丽的丁香花永远开放在我美丽老妈的心里。

我敬仰老妈对待生活的态度，她让我们看到了生命的一种美好状态，她努力地生活着，简单而安静；她不辞辛苦地奉献着，欣然而执着。

“她的微笑是上帝创造的，用来融化凡人的心。”这是著名摄影师鲍勃回忆第一次见到奥黛丽·赫本时的感慨。我喜欢这句话，不但因为它非常精确地描绘了奥黛丽·赫本那美丽动人、温暖如朝阳般的笑容，还因为它恰是我心目中对老妈美丽温情的诠释。在我们的心里，老妈是那么崇高和伟大，她心中装满着博大的爱，那么纯粹，那么温暖，那么圣洁。她一定不知道，在我苍白贫瘠的生活背后，因为她，因为她温柔的笑声和弱小但蕴藏着巨大能量的背影，我竟凭空多了不知多少勇气。

我相信爱是一种精神素养。母亲把她自己的爱无私地传递给我们，她用爱涂染了我们生命的底色，那么就让这爱，生生世世永远涅槃和轮回下去吧！

母亲是我们永远的精神家园。

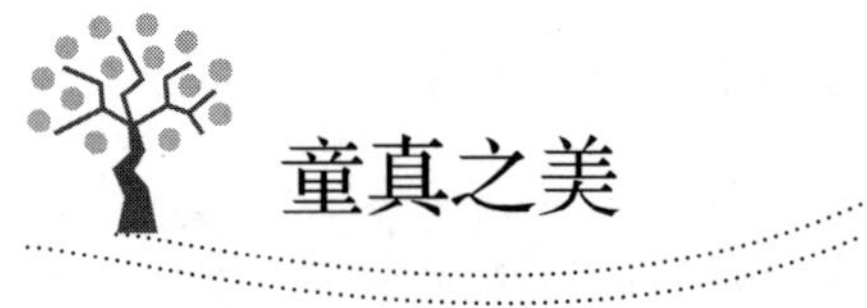

童真之美

童年的美好与珍贵，就在于它的纯真无瑕，在于它的不可重复……

中秋拜月

外祖父讲述的多彩多姿的故事里，那些关于月儿的美丽传说，曾为我的童年增添了很多神奇的色彩和趣味。嫦娥奔月、吴刚折桂、玉兔捣药……那些故事像一幅幅美丽的古典画卷，缥缈、迷离在我童年的遐想深处。

那些关于中秋节“拜月”的传说，更让我为之心动和向往。外祖母告诉我们：每年八月十五的那一天，月宫里也会过中秋节，所以，那天晚上月正圆的时候，如果你仔细地看，就能看到月亮上的嫦娥、玉兔、桂花树和吴刚……因为每到这个时候，嫦娥就要抱着玉兔从广寒宫出来到桂花树下看花，吴刚就会热情地捧出他亲手酿造的桂花酒来招待美丽的客人……

我期望那是真的，因为广寒宫太冷寂，我希望嫦娥姐姐能出来和我们一起享受快乐的生活，我更希望中秋节“拜月”的时候我真的能看到美丽善良的嫦娥姐姐和那个会捣药的小玉兔，看到挂满桂花的桂花树和那个在树下乘凉的吴刚。我守着这个愿望，盼望着每年中秋节的到来。

印象最深的中秋“拜月”，是在我十一岁那年的中秋节。月上柳梢，外祖母把早就准备好的月饼、西瓜、苹果、葡萄等摆放在院里的大桌子上，记得月饼和西瓜都是摆在最当中，西瓜切成莲花状，样子十分可爱、诱人。一家人围桌而坐，外祖母招呼大家吃水果，自己则点上一炷香，轻轻放在里屋的香炉里，然后双手合十放在胸前，嘴唇轻启，似有所语。那可能就是“拜月”吧，我在一旁静静地看着，心里充满着无限的虔敬……

月儿慢慢升高了，如水的月光倾洒在小院里，柔枝披风，空气里飘溢着果食的香味，一家人坐在院子里，边吃着月饼、水果边聊天，院里充满了欢声笑语。我想，此时的月宫可能也像我们一样正在过中秋节吧，嫦娥姐姐穿的是粉红的长裙吗？小玉兔高兴吗？桂花树开的是紫色的花朵吧？还有那个吴刚他是捧着桂花酒在招待嫦娥姐姐吗？一切按着故事里的情境在脑中一一浮现，缥缥缈缈，朦朦胧胧……

童年的世界，真的是一个用想象力创造出来的世界，在这个世界里你的想象力有多远，你的世界就有多远。我沉迷在自己的遐思里，天上人间已经完全连接在一起；一样的美好，一样的令人沉醉。

吃过了水果、月饼，大家就陆陆续续地回屋里休息了，我和妹妹事先约定好一定要等到月挂中天的时候看到那美丽情境出现再睡觉，所以，一直躺在被窝不敢闭眼。

晚上十点钟左右，我把妹妹从被窝里拉出来又一起跑到院子里。这时月亮已经升得很高很高，夜空中连一丝云都没有，显得更加寥廓、幽远、深邃、无边无际。我和妹妹带着好奇、带着向往、带着美好的祝愿，深情地凝望着那圆圆的月亮。可是，不管我们怎么看，都没有看到嫦娥姐姐和玉兔出来，也没有看到桂花树和吴刚……也许还没有到月亮最圆的时候吧，我们就继续等，继续看……又看了一会，妹妹实在坚持不住了，就央求我说：“姐姐咱回去睡觉吧，今天嫦娥姐姐可能不出来了。”我是不死心的，就哄妹妹。不知什么时候我们都进入了梦乡，醒来的时候，太阳已经升得很高，是妈妈半夜起来发现我们睡在外面，把我们抱进屋里的。

我很遗憾那天没有坚持到嫦娥姐姐出来，后来也没有看到，但我坚信，嫦娥姐姐、小玉兔、吴刚和桂花树就在月宫里，日子虽然很单调，但他们相互陪伴，也算平安静好。

童年的梦总是那么美好，就是从那些梦开始，生命里便多了另一片天空，属于我和月儿的天空。

名弟

名弟小我九岁，我们姐弟五个虽然他年龄最小，但爸妈从不娇惯他，他从小机敏伶俐、自由独立，对什么都充满好奇，一双清澈明亮的眼睛总是闪动着灵光。

在他刚刚五岁的时候，妈妈带他去乌丹姑姑家。名弟从小就喜欢待在姑姑家玩儿，姑姑也特别疼爱他，所以每次去姑姑家他都特别乖，总是显出一副很懂事的样子去讨姑姑喜欢。那年夏天，姑姑家的小院种着两畦豆角儿，嫩绿的豆角苗刚刚长到大约有一寸半高。一天上午，姑姑和妈妈闲着没事就一边唠嗑一边给豆角苗薅草。看到大人们干活，名弟也伸着小手凑过来，那样子像来帮忙。妈妈赶忙把他抱到旁边，并点着他的小脑袋说："臭小子，这活儿你可干不了。"忙没帮上，但小家伙也没自己去玩儿，而是蹲在两个大人身旁看着他们继续干活。

午饭过后，妈妈要去街上买东西，姑姑就哄着名弟在家睡午觉，大约有一个小时左右，姑姑迷迷糊糊醒来发现名弟不见了就出来找，刚走到门口就发现小家伙正撅着小屁股在地里东一下西一下忙乎着，看到姑姑出来，忙高兴地跑过来，指着菜畦说："姑，我干活。"姑姑顺着他小手指的方向看去，那两畦豆角秧已所剩无几，没被拔掉的豆角秧也是东倒西歪。这哪里是干活呀！姑姑看着那被拔掉的豆角秧，再看看满头大汗、满脸洋溢着胜利的喜悦，脏兮兮又稚气可爱的小侄儿，既无奈，又好笑。小家伙明亮如朝阳般的笑容诠释了他内心的得意，可能在他的心里，他是做了一件非常了不起的事情。

童年真是美好可爱，美在它的天真无瑕，美在它的不可复制。

名弟十岁那年的暑期，有一天，镇上的广播一遍一遍地播着一个好消息，说是乌兰牧骑艺术团要在各地招录一些新演员，请有意参加者自带节目到镇上大礼堂参加评选。那时我正在外地读初中，已经有了自己追寻的目标，就没有打算去参加评选，但评选演出我是一定要去观看的。我和三舅妈、姐姐来到了大礼堂，那天人好多啊，可谓是人山人海，等我们找到座位坐下来，演出已经开始了。

我们一边看一边小声议论着，哪个节目演得好，有希望被选中，哪些是来凑热闹的……大约是演到第六个节目的时候，报幕员又用她那清脆温婉的声音说道："下一个节目是男声独唱《少年壮志不言愁》，演唱者都朋名。"都—朋—名，听了这三个字，我和三舅妈、姐姐都愣了，难道是名弟？这个小不点也来参加这次的评选？我们正想着，只见一个小少年大步流星地走上台来，正是名弟，他从容镇定地站在台中央，用他那清澈明亮的眼睛扫视了一下观众，那盈盈如水的眼波让人见而生喜。

"几度风雨几度春秋，风霜雪雨搏激流，历尽苦难痴心不改，少年壮志不言愁……"名弟开始唱了，因为话筒的位置太高了，他就使劲踮着脚，高高仰着头，脖子也尽力地往上挺。大家都被台上这个小不点儿与众不同的样子逗得哈哈大笑。他也不管这些，而是自顾自地唱，那声音清亮、明丽、慷慨激昂……唱到起劲处，他就更使劲踮脚、仰头、挺脖子。那投入、沉醉的姿态让台下的观众笑成一团，有的观众还鼓起掌来。

我和姐姐看着小弟那个样子，既激动又欢喜。我们在心里暗暗为名弟加油，为名弟骄傲。我们可爱的小弟，在那么多观众面前，那么多竞争者面前，敢于表现、敢于挑战，那么潇洒、自如、投入……

比赛结束后，我们拉着名弟的手高高兴兴地回到家，一进门便把名弟比赛的事和在台上的表现说给爸妈听。我们边说边笑，一家人又笑成一团。名弟更是兴奋，看到一家人都在笑，他自己也咯咯地笑起来。

那次表演，是名弟第一次站在那么多人面前展示自己，也是他留给自己、留给童年、留给一家人最美好的回忆。我相信，那个夜晚他连睡梦都是笑着的，幸福着的。

我常想：兴趣是什么？兴趣就是沉醉其中，率性而为，就是有所期待，有所追寻，有所爱……而这样的兴趣，只有顺乎天性，才能得以诱发，才能得到培植。我们要做的，就是安放好一颗“童心”。

现在，名弟已经是一名非常优秀的教育工作者了，他无论做什么事情都是那么投入，那么充满激情。我想，他童年的率真、诚挚、乐观向上的精神气质，已经沉淀于他的血脉里，让他至今都保持着这些优良的品格。

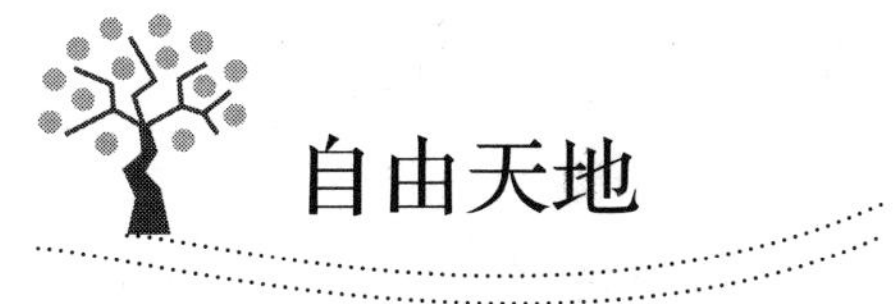

自由天地

和谐、宽松的生活环境，不仅能让我们的生命自然舒展，也更有利于激发个体生命自我成长的力量。

记忆中的老家，有三间土房，房顶上铺着很旧的青瓦。

唯一吸引人的地方就是房檐上有一个很大的鸽窝，那里住着一对美丽的白鸽。这对鸽子很有灵性，它们和我家相处得非常融洽。每天，它们都挥动着漂亮的翅膀在房前屋后飞来飞去。

老家的院子不大，围墙也是土垒的，墙顶上是用柳条编织的栅栏，夏季的时候栅栏上爬满青藤和紫盈盈的喇叭花……这个有些原始而又十分简陋朴素的家，便是我们姐弟五个成长的摇篮。

那时候，爸妈整天都在外面忙，这个家就都交给了我们。买粮、挑水、烧饭、喂鸡、喂猪、拾柴等，家里日常生活的一切事务，几乎都是由我们姐弟几个承担。

买粮，是家里的一个重要活，也是细致活。

记得那时是按人口供应粮食，买粮要凭粮本或者粮票，供粮的时间也只有规定的那几天。

到供粮的时间了，我和姐姐就会领着妹妹或者大弟弟，带上家里的粮本、粮票、装粮食的袋子，走进镇东头的那个粮站。

那个时间的粮站，总是很热闹，来来往往的人络绎不绝。有赶着车来的，有骑着马来的，也有只拿着盛粮的袋子来的……

人多要排队等候，有时候一等就是两三个小时。终于轮到我们了，我们会把事先准备好的粮本、粮票递上去，然后，一样一样地去买。

那时，供应给每人每月的粮食好像是 34 斤，种类大概有白面、大米、玉米、高粱米这四种，但每类粮食供应的斤数不是很固定，总体上是粗粮（玉米、高粱米）多，细粮（白面、大米）少。

所以，每到一个售粮处，我们都会认真算好每样粮食应领取的斤数，然后紧紧盯着售货员手里的秤，再看着售货员把称好的粮食放进我们的口袋，这样才会放心。

除了买粮，做饭也是家里的一个重要活和细致活。

一日三餐，粗粮和细粮要搭配着吃，每天吃多少也要计划着做。

记不清我们姐弟几个都是怎么学会做饭的，一般的家常饭我们都会做。

空闲的时候，我们还会学着妈妈的样子，一起做些不常见的饭食，如榆钱饭、玉米发面贴饼等。

我至今还记得那些工序——

做榆钱饭：先摘来一些嫩一点的榆钱，洗干净后掺在玉米面中，加少许的盐、油、五香粉等，再搅拌均匀，然后放在笼屉上蒸……

做玉米发面贴饼：把发酵好的玉米面，放入适量的碱粉揉匀，然后一贴一贴地贴在锅边上蒸……

这些工序看似很简单，却需要一定的手艺才能做好。

如做榆钱饭时，面和榆钱搅拌时水要放适量，水放太多了，做出的饭会发黏，放少了，又会发干、发硬。

而做玉米发面贴饼要求的手艺就更高了，要发好面、用好碱，还要看好锅中的水位，更要紧的是，贴饼时要掌握好锅的温度，温度高了（火大了），饼子会糊，温度低了（火小了），饼子就会溜进水里，成了粥了……

那时我们是很动心思的，做不好也是常有的事。但经过一次次的尝试，我们的手艺也慢慢精进，还感受到很多乐趣。

记得有一次小弟要吃拔丝鸡蛋，可是我和姐姐只看见妈妈做过几次，我们自己从来没尝试过。但看到两个弟弟那馋猫样，我们最后还是决定一起来做一次。

我们先想好了程序，然后就忙忙乎乎地做起来。我和姐姐是主厨，小妹和两个弟弟打下手。

先把鸡蛋摊成饼，然后切成块状，这第一步就算完成了。接下来是过油，先把油倒在锅里烧热，接着把鸡蛋饼一片片放在油锅里，哗——片片黄黄的鸡蛋饼一进入油锅立即就膨胀起来，像一朵朵美丽的花儿盛开在那口大锅里，妹妹信口喊道："开花了"，两个弟弟也立即围上来，我们姐弟几个就这样围着这口大锅，欣赏着这由我们自己创造的美丽的奇观。

我们美美地欣赏着，眼看着那些美丽的花朵由黄色变成深黄，姐姐忽然喊道："不好，要糊了！"她边说着，边迅速拿起漏勺把锅里的蛋片往外捞，捞出来的蛋片还滋滋地往外冒着油气，满屋里都飘着诱人的香气……

接下来，我们完成了最后一道工序"挂糖浆"。

拔丝鸡蛋做出来，虽然没有妈妈做得好，但我们几个吃得有滋有味——

那是一种难以忘怀的味道，现在想来，那可能就是童年的味道。

在那片小天地里，那两只美丽的白鸽，也给我们增添了很多快乐。我们喜欢它们，它们也好像很喜欢我们。有趣的是，它们总是迎着晨曦飞出去，披着晚霞飞回来，所以在我的心目中，它们就是光明的使者，它们总是向着远方，向着光明飞翔。

最让我们开心的是，当我们静静地躺在被窝里或者从睡梦中醒来，常常会听到它们"咕，咕咕——"的叫声，那声音很轻、很柔、很亲切，好像在轻轻和我们低语"伙伴们，你们好！"每当听到这美妙的声音，我的心里就会暖暖的。

白天的时候，它们有时会飞下来，在院子里和我们玩耍。它们在院子里跳来跳去，我们去亲近它们，它们也不躲避，有时我们会把它们抱在怀里，轻轻抚摸它们，它们就安然地趴在我们的怀里，时常也会“咕，咕咕——”地轻语几声，这小生灵真的好可爱，它们很懂我们，我也听懂它们的绵绵絮语。天长日久，我们就这样慢慢地结下了深厚的情谊。有鸽的陪伴，我们的童年多了个伴侣，也多了很多乐趣。

夏季来临的时候，是我们小院最美的时候，矮墙上爬满了青藤，空气里弥散着花草的香味儿。每年的这个时候，爸都会在院子里搭个棚子，白天的时候，我们会在那里做作业，玩儿五虎，有时候还在那里美美地睡上一觉。

夏季屋里热，这个棚子就成了我们的一个宝地，至今我还记得睡在那个棚子里的那种感觉，枕着地，望着天，呼吸着自然之气，很神秘。

光阴荏苒，在那个小院，我们慢慢长大。后来我家盖起四间砖瓦结构的新房，家里宽敞了，也阔绰了，但那个小院，那对美丽的白鸽却一直装在我们的记忆里。

或许我们姐弟几个，真应该感谢那时爸妈的匆忙，感谢那时家里的不富有，感谢那样的家庭给我们的一份“宽松”。因为它让我们每一个人都有了更多自由的空间，去表现自己的一份真性情，去尝试和体验童年的生活，去营造自己的绚烂之美。

我们姐弟几个现在都有了自己的家、自己的事业，我们虽然性格都有所不同，但我们共同拥有的那份独立、勤奋、包容的品质，是与那段生活分不开的。我们在建设着那个家的同时，也建设着我们自己。

童年、老家、白鸽，载着我七彩的梦，如同我家门前的那条小河，永远流淌在我生命的溪流里……

有梦的季节，温暖如花。

用生命润泽生命

心灵的相遇、碰撞、沉潜与交流，体现着尊重、信任、爱和关怀。真正的教育就是生命与生命的相互润泽、摇动和点燃，是师生双向激发的生命运动。

教育：全部人格的总和。教育要把温暖和爱意传达，让信任和尊重常驻。教师要成为爱本身，让每一个孩子都浸润在满溢的爱和期待中，让每一个生命不因过错而沉落、不因困难而退却。在生命与生命相携的过程中，处处激发、相互感染、共同提升。

教育更应顺乎天性，让大自然的精灵尽情旋舞，自由自在。让每一个孩子在它生命汁液的欢乐流溢中自然生长、自成一格，绽放出属于自己的光彩！

让心相遇

我们每天都有很多时间和孩子们在一起，学会让孩子们看见你的心并不难，只要我们打开心的屏障，让心靠近、让心相遇，让我们的心，在相互融合中，开出美丽的花朵。

开学的第一天，我接到新的工作任务，接任初二（6）班班主任并教初二（6）班、（7）班的语文课。

教语文课，是我心之所愿，但让我兼任班主任，我却有几分担忧，因为我早听说初二（6）班学生不但整体学习成绩不太好，还有几个很难管的捣蛋鬼，这实在让人有些头痛。

我忧心忡忡地坐在办公室里，想着管理这个特殊班级的种种对策，有几个同组的教师也来帮忙出主意。大家总体的意见是，要先发制人，对待这样的学生，不能给他们好脸色。好，就来个先发制人。我利用一个上午的时间，制定了班级的规章制度，并认真地收集了那几个捣蛋鬼的种种“不良表现”。我想，有了这些东西，我制服他们就有了撒手锏。

于是，那第一次的见面，就在我精心的策划和准备后开始了。

“起立！”“坐下！”“从今天开始，由我来担任你们的班主任，并负责语文教学，我的准则是：不论是谁，都要严格遵守班级的规章制度。第一，上课不准乱说乱动，不准和老师顶撞。第二……另外，我还要强调一下，我听说初二（6）班有几个不服管的人，是谁，我们大家都心知肚明，我也早就掌握了情况。请你们记住，在我的班里，绝不允许谁来逞能。”

我的声音在班级里回响着。

这一招果然奏效。那节课，班里非常静，全班五十九名学生无一例外地抬着头盯着我，我无法猜出他们此时心里的感受。后来我明白了，就是从那时开始，我们之间已经竖起了一道厚厚的屏障。

接下来的日子，我拿出一个“严师”的威严，严格监视、严加管理、严肃处理。

那段时间，我感觉自己都不会笑了，因为我必须让他们看到我的严厉，知道我的“威严”。我坚持着这样的“威严”，日子过得紧张机械，但也算平静。

可是好景不长，不到两周，班级里的“不良之风”就开始涌动起来。

有一天的晚自习，我去得稍晚了一点，远远就听见班级里乱哄哄的声音，我的火气一下冲了上来。我悄悄绕到教室的后窗，心想，一定要抓几个“现行”来当典型。可当我走近后窗偷偷探出头向班级里探视，却什么迹象也没发现，班里也安静下来。我没有抓到“现行”，心里更加不舒服，就从后面冲进教室，冲着全班同学大骂了一顿。

那次晚自习事件后，我再也没放松过对他们的严格监控和管理，但我的心里一直疙疙瘩瘩的。我发现孩子们看我的目光总是怪怪的，是惧怕吗？好像不是。是敬畏吗？好像更不是。那到底是什么？我那时真的不得而知。但我却感觉到我们之间有一种距离，远远的、遥不可及的距离。

我还看到了一种伪装，这让我非常懊恼，我的严厉不但没有起到先发制人的作用，反而让这些孩子心存芥蒂。那段时间，我的课基本就成了独角戏，课堂上他们目光呆滞、漫不经心。可怜我的一片苦心，不但得不到理解，反而让孩子们离我越来越远。

事情出现转机，是从一节语文课开始，那节课所阅读的文章是纪伯伦的散文诗《雨之歌》：

> 我是根根晶亮的银线，神把我从天穹撒向人间，于是大自然拿我去把千山万壑装点……我从湖中升起，借着以太的翅膀翱翔。一旦我见到美丽的园林，便落下来，吻着花儿的芳唇，拥抱着青枝绿叶，使得草木更加清润迷人。

或许是因为喜欢吧，我把自己沉浸在浓浓的情感中，忘记了严肃，忘记了监控，甚至忘记了自己是在上课。当我的目光碰触到孩子们的目光，我忽然发现，他们的目光中多了几分柔情和激动。也许是我的情绪感染了孩子们，他们也情不自禁地投入深情的阅读中。

那一刻，班级里洋溢着一种和谐的气氛，让人感觉很温暖、很舒服。

下课了，我有些不舍地离开教室，这是两个月来自己最满意的一节课。回想上课的整个过程，其实并没有什么特殊的地方，只是教师放下了自己的“威严”，自然地进入了情境中，进入了一种情感状态。这种情感与孩子们产生了共鸣，心灵打通了，相接了，情感很容易相融。

那节课之后，我开始尝试和孩子们谈心，常常用一些赞美的语言去鼓励他们，我发现这样的谈心和鼓励比严管有效得多。班里多了笑声，也多了很多意想不到的精彩。

翻看孩子们的日记，常常让我陷入深深的思索和感动。“今天，我终于看到语文老师笑了，我们都很开心。”“老师的眼里有一种柔情，这让我感到了一种温暖。”

眼睛是心灵的窗口，孩子们的目光照见了我。我的喜怒哀乐，我的美丑，全在他们的目光中折射出来。

“教学是通达灵魂的镜子”，任何矫情、造作、掩饰等都无用武之地。你笑脸面对学生，学生才会笑脸面对你。你给学生一缕阳光，学生会还你一个太阳！

这一年的新年，我的心真有一种温暖如春的感觉。全班五十九名学生，像五十九只快乐的小鸟，舒展开他们漂亮的羽翼。让我看到了另一种生命状态：他们激情澎湃，他们笑容灿烂，他们无拘无束，他们多姿多彩……

我忽然发现，这里的每一个孩子都是那么可爱，是他们的欢笑打动了我吗？孩子们告诉我：是我的欢笑首先打动了他们。“欢笑是人与人之间最短的距离”，我们被欢笑的丝带系在一起。

我想到河合隼雄说过的一段话：“是不是每个人都知道，在每个孩子的内心，都存在一个宇宙呢？它以无限的广度和深度而存在着。大人们往往被孩子小小的外形蒙蔽，忘却了这一广阔的宇宙。大人们急于让小小的孩子长大，以至于歪曲了孩子内心广阔的宇宙，甚至把它破坏得无法复原。”

是的，我们之所以不能和孩子们融合在一起，就是因为我们忽略了他们内心的那个宇宙，我们与他们分隔成为两个世界。

如何让教师的宇宙和孩子的宇宙相连接、相融合？

唯一的途径就是让心靠近，让心相遇。

成为爱本身

教师是人的范例，对于学生的心灵来说，是任何东西都不能代替的最有用的阳光。

初秋的校园，杨柳依依，百花正艳。清风中飘溢着淡淡的花草香味儿，使宁静的校园显得别有一番风韵。

是谁，带着我们领略桃花源的美丽？是谁，为我们讲述大同世界的道理？又是谁，让我们细细品味刘禹锡和周敦颐的君子美德？

是您！老师！

——梅妮《老师，老师》

每每看着语文老师在黑板上留下一行行整齐而漂亮的文字，我便心生羡慕。那洁白的粉笔之魂，在老师的手上飘飘洒洒，落在她整洁的衣袖上，点缀出梨花般的诗意。

她对我们的语文学习要求十分严格，字迹要工整美观，读书要认真，还要边读边思考……尽管这样，我仍然喜欢她生动的语文课。她的“严”，不是火冒三丈，更不是怒发冲冠，而是真真切切地为了我们每个人都能够把语文学好。

——姜晗《我心底的风景》

韩老师是我们的班主任，他不像有些老师那样尖锐、刻薄。相反地，我认为他有一些憨憨的傻，那种傻其实是一种美，因为他憨直，朴实，还很善良。

有一次，班级里搞卫生，为了躲避劳动，我就装作肚子痛和他去请假，他竟然信以为真，他让我要抓紧看医生，要注意休息。回到宿舍，我回想着刚才韩老师那着急和关切的样子，心里真有几分愧疚。他那么老实善良，我怎么能欺骗他呢？于是……

——于新鹏《傻，也是一种美》

整整一个下午，我沉浸在孩子们那充满真情真趣的文字中。我看到了一个明净的世界，它让我心生欢喜，也让我陷入深深的思考。

这一次的习作教学，让我看到了孩子们的成长。很多孩子，已经渐渐学会用眼睛去观察，用心去写作，这正是我们习作教学要达到的目标。

另一个收获，就是对所谓师者内涵的深入体悟。教师，作为孩子生命成长的引路人，我们本身，就是一种教育的元素和教育资源。每天，当我们走进校园、走进教室的那一刻，教育就悄悄发生了。

看似不经意的一句话、一个微笑、一个眼神、一个动作……可能，都会成为孩子们心里、生命里的一处风景，一种导引……

这，便是师者的不同寻常。

在一个女生的作文中，我还读到这样的一段文字：

> 英语老师年轻，仿佛是从都市里走来的青春女性；数学老师时尚，仿佛是从学术著作中走来的渊博智者；音乐老师小巧玲珑，仿佛是从韩国漫画中走来的美少女。而语文老师确有一种独特的美、古典的美、贤淑的美，仿佛是从唐诗宋词中走来的衣袂飘飘的古典美女。
>
> 记得第一次见到语文老师，是在开学的第二周。还未上课，我就不禁对这位新教师浮想联翩，是凶巴巴的中年妇女，还是温柔可爱的大姐姐？正当我胡思乱想时，上课铃响了，我的目光落在了门口，心中充满了期待、激动和好奇。
>
> 只见一位身穿粉色运动服，脚穿白色帆布鞋，长发飘飘的老师走了进来。她目光明亮清澈，嘴角带着微笑。我看呆了，看入迷了……

女孩暖暖的话语，美美的言辞，像春风一样拂过我的心。我的眼前浮现出一张张可爱的脸、一双双清澈明亮的眼睛。他们在凝视，他们在欣赏，他们在赞美，他们在笑……我好感动，我真的不知道，在孩子们那个小宇宙中，老师的形象是那么美，那么可亲可敬。我在心里不停地问自己："我们，有那么好吗？"

在这个女孩真诚的表达中，我还体会到她内心的期待。她期待每个老师都是温柔的、善良的、宽容的、阳光的……而不是"凶巴巴""邋邋遢遢"……

这，或许就是每个孩子对教师的期待吧。

这让我不禁想到，做一个学生喜欢的好教师何其重要。教师的文化素养、精神气质对每个孩子的影响何其重大。

《基础教育课程》杂志的一位编辑有一次在采访我时曾经问我这样一

个问题："你的教育智慧是什么？"我那时的回答是"读懂学生，心里永远装着学生"。如果现在让我回答，那我的答案会是"不断地修炼自己，做一个学生喜欢的人，成为爱本身"。

浙江师范大学王尚文教授有一篇非常经典的文章《教师所能教给学生的只有自我》，他强调教学要"以人教之"，而不是"以书教之"。"以人教之"的实质就是：教师和他所教的东西总是水乳交融为一体的，仿佛他就是他所教的学科，学科成了他的一部分，他所教的不是他所懂的，而是他所有的；不是外在于他的，而是内在于他的，是他自己心里流出来的，就是他自己。

我们常说，教育是爱的事业。教师只有成为爱本身，才能播撒爱、传递爱。

教师如何成为爱本身？唯一的途径就是不断修炼自己。

有人说，做教育就是教自己做人的过程。我觉得这句话非常有道理。

我们要教育孩子真诚，我们自己首先要真诚；我们要引导孩子有一颗善心，我们自己首先要有一颗善心；我们要教会孩子学会思考，我们自己首先要做一个善于思考的人；我们要引导孩子发现美、欣赏美，我自己首先应该成为一个会发现美、欣赏美的人，甚至成为美的化身……

教师，首先要修炼好自己，才能去影响孩子们；要安顿好自己的心，才能安顿好孩子们的心。

从这一角度来看，教学本身就是一种修行的过程。

重要的是精神成长

生命的成长不仅仅是获得基础知识，更重要的是精神的成长。

一年一度的春季运动会，正在激烈紧张地进行着。

男子三千米长跑的跑道上，三十多个生龙活虎的男孩子正在进行最后的角逐。

“还有最后三圈，同学们，加油啊！”伴着激扬强劲的《运动员进行曲》，广播里传来小播音员鼓舞人心的呼喊声。

我的眼睛紧紧盯着跑道上飞奔的运动员们，目光最终落在队伍中间的一个穿着红色运动短裤的男孩子身上。他是我们班唯一一个男子长跑选手。他叫李宇航，平日里少言寡语，却是一个十分真诚、善良、坚强的孩子。

那次的春季运动会就在中考前一个多月，有些孩子怕耽误学习，不愿意报项目。但宇航却像往年一样，一个人报了四个项目。我知道他那几天正患感冒，临上场之前还劝他，不行就不要上了。他笑笑说：“没事的，老师，我的感冒已经好了，我能坚持。”我心里十分感动，也重新认识了这个平日里很不起眼的孩子。

还有最后一圈了，宇航冲在队伍的前面，有几个同学已经走到终点准备接应了。可不知为什么，宇航的速度忽然慢下来，看上去，他的脚步很沉重，每向前一步都有些吃力，就在他减速的时候，后面的两个男孩子已经超过去，估计名次是取不上了。

我担心他的身体可能出了什么状况，就迅速跑到他附近的观众区。果然，他脸色惨白，大颗的汗珠从脸上淌下来。我示意他停下来，但他冲我笑了笑，没有停止脚步，依然努力地向终点冲去。

一步，两步……

他努力坚持着，终于到达了终点。

我感动不已。虽然宇航没有取得好名次，但在他的身上，我看到了更可贵的东西。很多年来，那个小男孩惨白的滚着汗珠的脸、坚定又自信的神情，以及奋力向前的身影，常常浮现在我的脑海。

我知道，在很多教师的眼里，宇航并不是什么出色的孩子，甚至连优秀都算不上，因为他学习成绩平平。

是的，多年来，我们习惯了“以分量人”，对那些学习成绩平平的学生，总是少有关注。相反的，对那些学习成绩较好的学生，却总是另眼相待，甚至过分宠爱。致使一些孩子在价值观上出现了扭曲，自私、冷漠、恃宠而骄。

“以分量人”的教育，把“人”教没了。

教育的终极目标究竟是什么？应该是使人有健全的人格、健康的心态，有一颗善良的、充满爱的心，当然，还要有健康的身体。

多年来，我们只注重分数，而忽略了生命中最重要的东西——精神成长。

精神是无形的，比有形的东西更不可缺少，比如爱、希望、信仰、感恩、自由……

台湾著名作家林清玄说过这样一段话：“我自己有三个孩子，深知培养孩子的艰辛和困难。我并不期许我的孩子在课业上得第一，但我期许他们有天真的心、纯善的心、美好的心、庄严的心，能在这浑浊的世界，保持清明；能在这悲伤的人间，拥有快乐。”心的成长才是最重要的。就如我们的宇航，他虽然成绩平平，但他却拥有一颗善良的心、坚定的心、向上的心。

这些，才是生命中最重要的东西。这些美好的精神元素，长在他的生命里，必将孕育出更甜美的果实。

肖川教授曾经说过："教育是一个激荡心智、沐浴灵府、贞立人格、彰显个性的活动。"这样的教育要求我们在注重基础知识和基本技能的同时，更多地关注教育的精神元素。

谁也不会想到，缔造了电商帝国的马云曾经是个"差生"。有人曾对马云的成长历程进行了分析，马云成功逆袭有三个关键要素：一是阅读。他从小酷爱读书，把金庸的武侠读成自己重情重义的性格；从路遥的《人生》中汲取勇气和力量。第二个是行动力。他对英语产生兴趣，就立即行动起来。第三是永不放弃的信念。三次高考失败，一次一次创业失败，他不怕失败，最终走向成功。在我看来，他成功的关键就是他精神的成长。

教育的终极价值，不唯知识的饱学，不唯智慧的增长，最重要的是人格的建树、精神的挺立。

要达到这样的目标，唯一的方法就是用美德占据心灵的旷野，在孩子的心灵里播下高尚人格的种子、进取精神的种子。要让学生感受到生活的美好，人性的美好，让学生重视精神的价值，让学生形成积极、乐观的人生态度。

请允许孩子选择做一棵小草

不论是一棵小草，还是一棵参天大树，都是生命的一种绽放，都是一道独特的风景。

又到周末，语文课代表把厚厚的一摞作文本放在我的桌上，然后轻悄悄地说了一句话："老师，这次的作文，只有张颖没有交，其他人都交了。"

"张颖怎么会不交作业？知道什么原因吗？""她没说。"课代表回答道。

张颖，是我带的这两个班中比较优秀的孩子，学习成绩好，其他方面的表现也不错。"难道是她的思想有什么波动？"我心里这样想着，就对课代表说："活动课时你让她到我办公室来，我问问什么原因。"

下课铃响了，不一会儿，整个校园沸腾了起来。我和几个同事坐在办公室里，眼睛望向外面，我们常常被这样的情景所吸引：操场上、教室旁、甬道上，孩子们生龙活虎地玩耍着、跳跃着、说着、笑着……

"这些孩子，只要一出了教室，就像出笼的小鸟一样欢腾，可一进教室，很多孩子就蔫了、哑了、呆了。这真让人匪夷所思。"一位教师站在窗前发出了这样的几句感慨。他像是自言自语，又像是说给大家听。总之，这句话引起了大家的共鸣，大家就接着他的话题纷纷议论开来……

"报告！"一个清脆的声音从办公室外面传来，我听出是张颖。"进来。”我一边喊着一边迎了出去。我想，这次的询问还是选择一个清净的地方吧，因为张颖是个自尊心很强的孩子，我怕当着那么多老师的面儿问她没交作文的事，她会很窘迫，于是就把她领到办公室外面一个较安静的地方。

“你怎么没交作文？”我尽量用一种温和的语气问她。“老师，我的作文没有写好，我再想一想，改完后，我尽快交上。”她有点不好意思地答道。“是因为没写好吗？那你写的是什么？”我继续问。听我这么说，她立即回答说：“是没写好。”说着就把她攥在手里的作文本递在我手上，在那一瞬间，我看到她脸上的表情很复杂。是难为情？是不情愿？我没有思考那么多，就迅速打开她的作文本看起来。

题目是“我愿做一棵小草”。“不是让你们写《二十年后的我》吗？你怎么写了这个题目？”我追问道。她有些局促不安地看看我，没有立即回答。我接着往下读：

这次语文老师让我们写的作文题目是“二十年后的我”，我想了想，二十年后的我应该是个什么样子呢？我学习成绩不突出，也没有什么特长，我想二十年后的我一定是个不成功的人，我做不成科学家，也做不成艺术家。二十年后的我可能就是一棵平凡的小草，默默无闻，不为人所知……我想，小草有什么不好，它长在野外，呼吸着新鲜空气；它没有压力，自由快乐。小草也有优点，它用绿色装点着春天，它的生命力很强，我在古诗里就读到“野火烧不尽，春风吹又生”……

这确实是一篇与众不同的作文，读着读着，我有些感动了。我看了看那张稚气的脸，问她：“你真的喜欢做一棵无人知道的小草？”“嗯。”她毫不迟疑地点点头。“那你为什么感觉自己的作文写得不好呢？”“因为我想到老师举的那些例子，还有同学写的文章，我怕我的作文可能不符合题意。”

她的回答让我感到有些窘迫，我想到，我在给孩子们指导作文时，确实提到了很多成功者的案例，比如你有可能是个科学家，可能是个医生，可能是个市长等。

难道这样引导有错吗？但眼前的这篇富有真情实感的文章有错吗？我的心中荡起了一片涟漪。我把张颖的文章收起，没告诉她文章是否需要修改、如何修改，而是让她先回班级，而我自己又重新走进那朴素的、带有温度的文字中。

这一次的作文讲评课，我破例把张颖的《我愿做一棵小草》选入了范文之列。我的理由是：文章语言质朴，更重要的是写出了自己的真情实感。

在听我讲评作文时，我发现有一种东西在孩子们的脸上洋溢着，是轻松、是舒展、是快乐。这件事情已经过去十几年了，但它却给我留下很多思考——关于真，关于成才，关于教育的本质……

前些日子，就在我的身边，发生了一件令人震惊的惨痛的事情，又让我陷入深深的思考之中。

一个年仅十七岁的小姑娘，在一场由全村近百人参加的盛大的“升学”庆宴结束后，在房间里用鞋带勒住自己的脖子挂在柜角上，结束了年轻的生命。

女孩的父母悲痛欲绝，大家也十分疑惑，怎么刚刚考上大学，就自杀了呢？在当地公安部门的协助下，女孩自杀的秘密揭开了。

据说这女孩平时学习成绩还不错，去年因为没有发挥好而高考落榜。在亲戚的帮助下，她在外地复读了一年，今年又重新参加了高考。

考试、查成绩、报考，一切按着正常的程序进行着。二十几天过去了，女孩告诉父母说自己考上了某某大学，父母欢喜地奔走相告。按着当地的习惯，孩子考上大学是大喜，是要请亲戚朋友吃喜宴的，前来道喜的人也不会白吃，而是要送上喜钱表示祝贺。然而，在亲戚朋友、邻里乡亲的一片祝福声和夸赞声中，在家长们和同龄孩子们艳羡的目光里，女孩却悄悄地退到后面，就在宴席结束的那个晚上永远地告别了人世。

这，到底是因为什么呢？原来，女孩并没有考上什么大学，她是怕父母伤心而对他们撒了谎。据当地招生办考级档案中的信息显示：原来女孩总分只有 98 分，因为她只有第一科的语文成绩，其他几科都没有成绩，可能她根本就没参加那几个科目的考试。

我们不知道，女孩为什么没有参加后面几个科目的考试，我们也不知道，这个“谎言”背后，女孩到底承受了什么。我想问的是：考大学，真的比生命更重要吗？家长呀！老师呀！孩子呀！我们能否从这个惨痛的故事中汲取点什么，去认真地思量一下：我们人生的价值到底是什么？我们的生命之路在哪里？我们的教育该往何处去？

在我流着悲痛的泪水深深反思的时候，我又想到了十几年前的那篇作文——《那棵小草》。作者张颖现在已经是一位很优秀的医生了。或许，我们容纳了、尊重了“小草”的选择，他们会长得更好。

而我们当下的教育，成才成功的教育，一直都遗漏了最珍贵的一课——引导孩子们寻找自己的人生导师、寻找自己独特的天赋，倾听孩子自己内在的声音，帮他们找出属于自己而非世俗所钟爱的人生梦想。

《中庸》里有几句话：“致中和，天地位焉，万物育焉。”意思是：教育就是要使每个人找到自己的位置，并在那儿得到充分发展。所谓“安其所，遂其生”。也就是说，教育的终极目标是个体发展，是为了“人”的充分发展，不是为了做“工具”。

龙应台在给儿子的一封信中有这样的一段话：“孩子，我要求你读书用功，不是因为我要你跟别人比成绩，而是因为，我希望你将来会拥有选择的权利，选择有意义、有时间的工作，而不是被迫谋生。当你的工作在你心中有意义，你就有成就感。当你的工作能给你时间，不剥夺你的生活，你就有尊严。成就感和尊严，给你快乐。”

这些话，启人深思。

我想，如果我们的教育、我们的家长、我们的教师，多一些这样的引导，多几分这样的境界，我们的孩子还会选择悲哀地离开这个世界吗？还会远离我们吗？

“让青草长成青草，并进而覆盖大地；让玫瑰长成玫瑰，并进而带来芬芳；让橡树长成橡树，并进而结出橡籽，成为实际意义上的栋梁。”

这样不是更好吗？

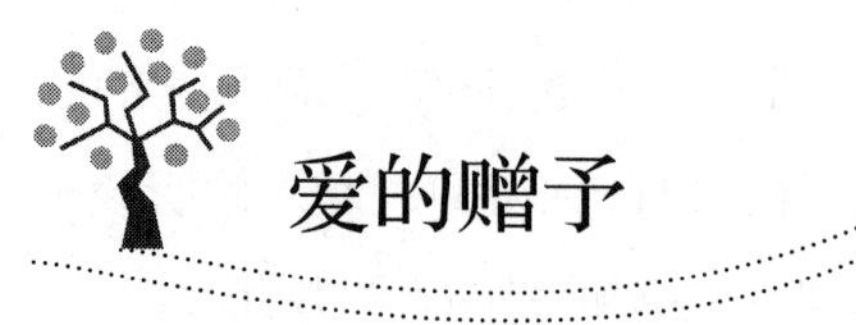

爱的赠予

“爱如同照亮，被爱如同燃烧。”谁说燃烧不如照亮神圣？如果我们没有燃烧起来，如何照亮？

“我不想说再见，相见时难别亦难。我不想说再见，泪光中看到你的笑脸。我不想说再见，心里还有多少话没说完。我不想说再见，要把时光留住在今天。一生能有几个这样的夜晚，一辈子能有几次不想说再见……”

十几年了，每当听到这首歌，我的眼前就会浮现出那八十几支燃烧着的红色蜡烛，以及双手捧着蜡烛、眼里闪烁着泪花的几十个孩子的美丽脸庞。在我心里，他们是诗，是梦，更是爱。

2002 年，我因为工作需要，要从乌丹三中调往教研室工作。还没接到调令的那些天，我的心里就开始难受。虽然那时感觉去教研室工作，空间会更大些，工作环境也会更好些，但我心里总有一种说不出的滋味。一想到自己将要离开战斗了多年的学校，离开那些天真可爱的孩子们，难舍之情便萦绕不去。那些天我几乎一有空闲就和孩子们泡在一起。孩子们越是和我亲近，我越感到难受，不知偷偷哭了多少次。

有一天晚上，我正和几个朋友在外面吃饭，儿子打电话来说：“妈妈，你快回来吧，家里来了好多好多你的学生。”还没等我问清楚，儿子就把电话挂了。我一下愣住了，究竟是怎么回事呢？这大晚上的，孩子们来我家干什么？朋友们对我说：“回去看看吧，准是你的学生知道你要调走，去你家看你。”我急匆匆地赶回了家。

刚走到楼梯口，就听有个学生喊：“老师回来了。”然后又听到有几十个声音一起喊道：“都老师！”我往里一看，整个楼道烛火通明。楼道两边每一个台阶上都站立着一个孩子，每人手里端着两支红色的蜡烛，每一支蜡烛都放射着耀眼的光芒。我的眼泪簌簌地流下来。那一刻，我不知该说什么，也不知该做什么，就沿着被烛光照亮的楼梯一步一步往上走，像走在一条朝向圣殿的神明之路。

我被后面的孩子们簇拥着，走到五楼，走进家门，屋里、屋外烛火通明。

孩子们看见我进了屋，一下子都围了上来。有几个孩子把蜡烛放在一边，扑到我的肩头呜呜地哭了起来。平时爱捣蛋的小王迪哭得最凶，边哭还边说：“老师，你别走了，我再也不气你了。”我无法控制自己的情绪，也不知该怎样安慰孩子们，跟着孩子们哭作了一团。

文艺委员带头唱起了歌：“我不想说再见，泪光中看到你的笑脸，我不想说再见，心里还有多少话没说完。我不想说再见，要把时光留住在今天……”这感人的歌声饱含我们师生的浓浓情意，回荡在整个楼道、整个夜空。我心如潮涌，热血沸腾，哽咽着说不出一句话。

一直站在一边的儿子看傻了，找回他爸爸和邻居来劝说这群“疯子”。

孩子们依依不舍地走了，留下了那八十六支红色蜡烛，留下了那感人心魂的歌声，也留下了他们燃烧的情愫。

那是一个多么浓烈又难忘的夜晚啊！我和我的孩子们，以一种特别的方式，举行了一场难忘的告别晚会。此后不久，我就接到了调令，离开了我的那些孩子们，开始从事教研工作。但那些闪光的蜡烛，却永远燃烧在我的心里，照亮着我的生命。在之后的教研工作中，我常常告诫自己：努力工作，好好爱我们的孩子们。我也在心里无数次地对他们说：亲爱的孩子们，老师深深地谢谢你们！是你们的真诚、善良滋养了我的生命，灿烂了“老师”这个熠熠生辉的名称。

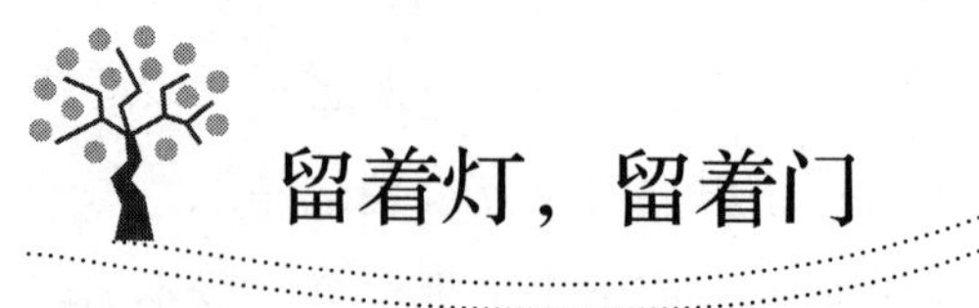

留着灯，留着门

有一盏灯，永远为孩子们亮着；有一扇门，永远为孩子们敞着。

这是一种善，一种爱。为孩子们留着灯，留着门，就是留着机会，留着希望……

间操课的时候，宋艳拿着一支钢笔急匆匆地来找我说："老师，你看，我的钢笔不知是谁给弄坏了，这是周日我妈给我新买的。"话刚说完她的眼泪就稀里哗啦地流了下来。

我仔细看看那支笔，那是一支很精致的钢笔。拧下笔帽我才发现，笔尖被损坏了，看样子确实是有人故意弄坏的。

到底是谁干的呢？班会课上，我把这件事在班级里做了通告，并留下话，一定要把这件事查个水落石出，一经查出，严惩不贷。

两天过去了，没有人来举报，班干部也没发现任何蛛丝马迹。

大约又过了两天的一个下午，张超来找我，他说："老师，王鹏鹏在学校后面的操场等您，想和您说点事。""王鹏鹏？他不是请病假了吗？"我有些疑惑，就问了一句，因为王鹏鹏前天让张超捎了假条说是感冒了，不能来上学。张超听我这么一问，回答说："我也不太清楚，老师，要不您去看看吧。"

我感到疑惑，但还是随着张超向学校后面的操场走去。我穿过领操台向后面望去，远远看见一个穿着蓝色运动衫的男孩子，在一棵树后面站着，还不时地探出头向这边望着。

那正是王鹏鹏，他看我和张超过来，连忙从树后面站出来，没等我开口，他先说话了："老师，我错了，那个钢笔是我弄坏的。"说着，他眼泪已经流了下来，脸上充满了懊悔和沮丧。那是我第一次看到一个男孩子泪流满面的样子，竟然还是平时调皮捣蛋的王鹏鹏。我的心一下子柔软起来，先前准备的一大堆问话，全都没了，只轻轻地回了一句："先跟我回去吧。"

我让张超先去上课，并悄悄告诉他不要声张，然后领着王鹏鹏走进我的办公室。"这里就我们两个人，你说说事情的经过吧。"我很平静地对他说。开始的时候，他还是有些窘迫，后来，终于很诚恳地说出了整个事情的经过和自己的错误。

那天下午，我们谈了很久很久……

下午快放学的时候，我把他送到学校的大门口外，并嘱咐他说，要把这两天的功课补上。他向我摆摆手，如释重负地向自己家的方向走去。

我看着这个男孩远去的背影，心中有一种从来没有过的责任感和使命感。

第二天，王鹏鹏照常来上学。我告诉同学们，他是因为感冒而耽误了两天的课程，请大家帮他补一下课。又过了两天的一个早自习，我把一只新钢笔放在宋艳的面前，并告诉她，那个同学已经知道错了，这只新钢笔是他用自己的零花钱买的，请她收下。

宋艳不好意思地摇摇头说："不用了，我妈妈已经给我买了新钢笔。"说着就把手中的新钢笔拿给我看。"收下吧，你不收下，那个同学会以为你不原谅他。"听我这么一说，宋艳接过钢笔，郑重其事地对我说："谢谢老师，也谢谢那位同学。"

我看看这张稚气的脸，充满了真诚、友善。我心里想，多么好的孩子们呀！他们都有着一颗善良、宽容的心。

这件事就这样平息了。后来，我发现王鹏鹏的变化特别大。他每天都早早地来到学校，帮助值日生洒水、扫地。我发现他上课也特别认真，还常常主动站起来发言。

真没想到，这件事让一个孩子改变这么多，我庆幸当时自己没有在全班同学面前批评他，而是给了他一个改过的机会。

通过这件事我体会到，不管是多么调皮的孩子，心都是向上的。我们应该给他们更多的包容。孩子们的心其实是很脆弱的，他们的承受能力有限，在明知自己的过错并为之痛下决心悔过自新之际，教师最好不要草率行事。此时，给学生一点"面子"，就是给他留下了信任、关爱和期望。或许正是这些东西真正触及他的心灵，给了他温暖、力量、希望，让他的心灵进而散发出迷人的芬芳。

我想到几年前看过的一篇文章。作者叙述了自己亲历的这样一件事情：

> 武汉一位高三男生来访。他明显不同于一般来访的客人——完全像在高中课堂听课那样在我面前正襟危坐，神情谦卑而肃然，眼睛像看黑板一样看着我，耳朵肯定是在小心捕捉我的每一句话。换个比喻，仿佛我就是面试的考官或即将宣布重大人事任免事项的组织部长。问题是我既不是考官更不是组织部长——两分钟前我还在书房里闷头爬格子，衣冠不整，满眼血丝——于是我把脸转向他的母亲。他母亲告诉我，儿子看了我对他网上留言的回复后深受鼓舞、大有长进。细问之下，原来我半年前引用北大法学院苏力教授《走不出的风景：大学里的致辞，以及修辞》那本书中这样几句话鼓励这位高中生来着："我们会在这里长久守候。即使夜深了，也会给你留着灯，留着门——只是，你得是有出息的孩子。而且，我们相信，你是有出息的孩子！你会是有出息的孩子！"他母亲兴奋地介绍说，儿子的学习成绩因此在武汉一所重点高中迅速跃居前列。于是儿子扑奔"灯"

来了——参加我校自主招生考试。这次来访，是为了就此向我表示感谢。

前后两个故事虽然情况不同，但都至少说明一个问题，教育要给孩子留有更多的空间、机会、期许、希望和爱。就如上文说的，“留着灯，留着门”，使我们的孩子们不论是处于拐弯处、挫折中、迷失中……都能够扑“灯”而来，找到自己前进的路径和方向。

王鹏鹏和那个扑“灯”而来的孩子需要那盏灯，那扇门。

我们的所有的孩子都需要那盏灯，那扇门。

心灵之旅

教学的使命，与其说是把知识注入心灵内部，不如说是让更多的东西从心灵内部焕发出来。

上午，第一节是语文课。

我像往常一样，拿着语文教材走向教室。

这节课要学的是：奥地利著名作家斯蒂芬·茨威格的作品——《伟大的悲剧》。课文主要写了斯科特等人组成的探险队历经艰险，即将到达南极点时，却悲哀地发现他们的竞争对手已经捷足先登了，只好丧气地踏上归途。归途中，由于遭遇突然到来的恶劣气候，斯科特以及他的四名队友，终因饥寒交迫、体力不支，最后一个一个悲壮地死去。

昨天读课文时心里涌起的那种悲伤的感受，这时又迅速升腾起来。所以，当我站在教室的前面，开始介绍教学内容时，声音明显带着一种悲伤和悲壮的感情色彩。

“同学们，今天，我们一起来学习奥地利著名作家茨威格的一篇作品——《伟大的悲剧》，请同学们用自己喜欢的方式阅读课文，然后把你最想要说的告诉给大家。”

这是我十几年语文教学探索实践形成的风格，任何一篇课文首先要让孩子们自己去阅读，给他们留有更多的与文本对话和感悟的时间。

孩子们已经习惯了这样的方式，所以，我的话音刚落，他们就立即投入阅读之中。

我也和他们一起阅读，一遍又一遍。教室里很静，孩子们眼睛里闪烁着的泪花和脸上流露出的表情告诉我，他们已经走入了那个冰雪的世界，遇到了那五名正在与死亡搏斗的探险队员。

大约过了十几分钟，有些孩子已经举起手来，于是，第一次的交流开始了。

第一个发言的是张建宇。他讲述了故事发生的整个过程。他的声音有些颤抖，从他的讲述中，我不仅看见了冰雪覆盖、神秘而又美丽的南极点，也仿佛看到了斯科特等几名探险者与死亡搏斗的真实的情景。张建宇是一个比较好动的学生，其他学科的老师都反映他上课不爱听讲，时常开小差。但他唯独对语文课感兴趣，每一次上课都抢着发言，这节课也不例外。他脸上的表情告诉我，这个小男孩的心，正在与故事里的每一个人物和情境碰撞在一起……

第二个发言的是杨丹。她用深情的朗读告诉我们，她敬佩那里的每一个人，她要歌颂那些英魂。

“凶猛的暴风雪像狂人似的袭击着薄薄的帐篷，死神正在悄悄地走来，就在这样的时刻，斯科特海军上校回想起了与自己有关的一切。因为只有在这种从未被人声冲破过的极度寂静之中，他才会悲壮地意识到自己对祖国、对全人类的亲密情谊……”

她动情地读着，眼里充满了泪水。我知道，她已被文中的人物感动了……

接下来的发言，更出乎我的预料，大家争抢着发表自己的看法，连平时不爱发言的王薇都主动站起来讲述自己的感受。她告诉我们，在她眼里，奥茨是最了不起的，他的了不起在于，他因为病重怕拖累战友，而选择了勇敢地结束自己的生命。她说的时候大家都一起哭了，为了那位勇者，也为那些向死而生的奥茨的战友。

有人说：课堂的最高境界是“直抵心灵”的境界，那么，是什么能够“直抵心灵”？答案就是情感与思想的跃动与交融，有浓郁的情感，又有情思飞扬，这样的课堂才会能够深深地吸引着孩子们，浸润孩子们的心灵。

好的语文课，无论对教师来说，还是对学生来说，都是一次心灵之旅、一种精神享受。

我想，做一名语文教师是幸运的，因为我们有更多的机会和孩子们一起与大自然对话，与崇高的心灵对话，与自己对话，我们正是在这样的对话中使情感得以丰富，使精神得以涵养。

渐渐地，我已经爱上了这样的对话。

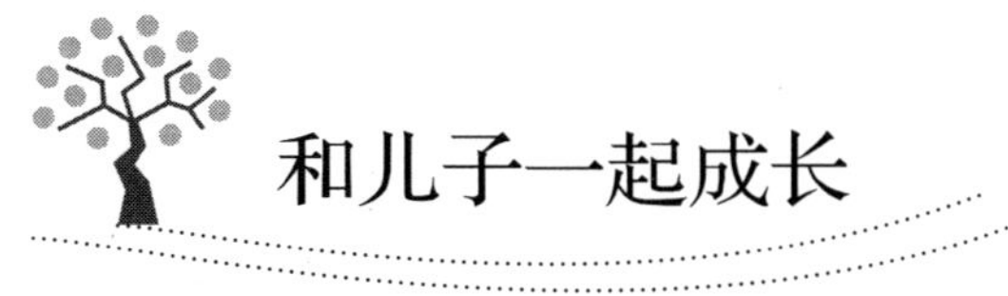

和儿子一起成长

爱，不仅仅是孩子身体生病时细致的照顾，更是孩子心理脆弱时入微的体察。

孩子的心灵是非常脆弱的，它需要我们用爱、用柔情去温润、去启动、去唤醒。当孩子遭受了哪怕一点点的心灵创伤，或是犯了什么错误，我们做教师的、做家长的都要去耐心疏导，用心去温润心，用爱去润泽爱。用我们温暖的大手，轻轻扶起受伤的小树，寄予他们生命无限爱的力量和生长的动力。

这是儿子读初三时，我写下的一篇日记，每当读起，眼前总会浮现那年那月，经历焦灼、经历无奈、经历重生般母子共同成长的过程。

儿子升入初中那年迷上了网络游戏。曾经的阳光少年，对学习完全失去信心，对生活失去了应有的热情和朝气，变得精神萎靡、叛逆、不合作，甚至负气出走。

那一年我陷入深深的烦恼之中。有一天，我无意中翻看了儿子的作业，在他的日记本中，有两篇这样的日记，深深触动了我。

“星”是个爱淘气的孩子，“星”从小就受爸爸妈妈、爷爷奶奶的喜爱。可是，好景不长，“星”上初中了，“星”没有了玩的时间，他失去了以前的快乐。更糟糕的是，“星”的英语成绩不好，第一次考试，“星”的英语只得了59分。老师训斥了他，同学们笑话他。爸爸妈妈知道后也大发脾气。“星”从妈妈的眼神看到，妈妈不喜欢他了，爸妈也不把他当成乖宝贝了，“星”很悲伤，这颗快乐的“星”就要像流星一样消失在天空中。

看到这里，我的心忽然一阵悸动，我的儿子，这颗脆弱的小星星，他竟然会有这样的感伤呀。

接着往后翻阅，一篇题为“伤”的日记让我又一次流泪了。

我不知道自己为什么迷上了网络游戏，让爸爸妈妈对我那么失望。我不怕爸爸的拳头，但我怕妈妈的眼泪。每次我看见妈妈，我都不敢正眼去看她那忧伤的眼睛。我想戒掉上网的毛病，可是有好几次当我走到网吧门口，不由自主地又迈进那“充满硝烟的战场”。我对不起爸爸妈妈，也对不起奶奶。我无法向他们表达我的歉意，因为我没有好成绩向他们汇报……

看到同学们都在积极地准备期末复习，我也有点着急了。唉，我该怎样去面对我的亲人呀？同桌宋天琪对我说，“你应该重新设计自己的学习规划，我来帮你把你的数学功课补上”。我很感谢他，可我现在什么都不会，功课也不知从何学起，看来我是真的没有希望了。

孩子的内心真的是太复杂了。他有无奈、有忧伤，也有那么多的思索。这是我作为一个母亲没有想到的。孩子出了问题，我们只是一味指责、一味怨天尤人，没有给他舒缓的空间。作为一个当过十几年教师的母亲，我意识到自己内心的问题，我很愧疚。

于是，在那天晚上，我满怀着一个母亲对儿子的愧疚和深深的爱，给儿子写了一封信，架起了我们的“母子连心桥”。

亲爱的儿子：我永远的宝贝

你一直是爸爸妈妈的骄傲。在你成长的这些年里，我们一直对你关心不够，我们很多时候都推托自己忙，没有更多的时间陪伴你，也没有当好你生活的向导。你是个孩子，孩子都会犯错误。你的错误不在于你自己，也有爸爸妈妈的很多责任。

儿子，爸爸妈妈很惭愧，没有给你更多的爱护。一个人生命成长的过程中会有很多的不如意和失败，我们要学会去面对。爸爸妈妈会和你一起去面对，去战胜困难。

儿子，其实你有很多优点，这些优点是很多像你这么大的孩子都不具备的。你善良、孝顺、对人义气。你也很聪明，有自己独到的思考。

还记得你小时候妈妈接你放学回家吗？路上风大，车子行走艰难，小小的你就从车子上跳下来。我蹬着车，你在后面推着妈妈走，那时你说你是个男子汉！多少年来，每当我带着一种自豪和骄傲，把这个故事说给别人听时，他们都非常羡慕我，说我有个好儿子。

还记得你写的《我家的大黑》吗？你爱咱家的大黑，你把大黑当成你的哥们，大黑死了，你和小伙伴们为大黑举行葬礼。你们语文老师夸赞你说，你的作文写得好，情感真挚，更有自己独到的见解和认识。

儿子，不知你是否还记得，有一年冬天非常寒冷，你才 10 岁，小表弟从姑姑家来咱家玩儿，你怕冻着表弟，就把自己的大衣、手套都给弟弟穿上了，自己却仅穿着一件小毛衣回到家里。你的脸冻得像紫皮山药，小手冻得又青又肿。妈妈心疼地一边焐着你的小手，一边流着泪对你说：“儿子，你真傻呀！”那时你还咧着小嘴笑呢。

儿子，你知道吗？这一切都是人性中最优秀的品质，妈妈一直都为你而骄傲。妈妈相信你现在面对的问题一定能够自己解决。

爸爸妈妈也会永远和你站在一起！

永远爱你的妈妈

或许是我的这封信感动了儿子，或许我在感动儿子的同时首先感动了自己。总之，自那时起，我们母子俩的心慢慢打通了、连接了，后来更成了无话不说的朋友。

我们交流的方式很多，有时通过书信，有时是随意聊天，有时还用“小纸条”。我常常收到这样的短信或者小纸条：“妈妈，我已经知道自己该走什么样的路了，但你要给我时间。”我也会悄悄留给他一个小纸条：“妈妈相信你！”我还收到这样一封短信，大致内容是说我心眼太小，眼泪太多，有时把他弄得紧张兮兮的。他还劝诫我说，要有个好心情，他一定会让我看到希望的。

书来信往，绵绵细语，传递着温暖，传递着信念，传递着力量。

我不断聆听着孩子心灵的声音，那里有生命破土而出的无畏和坚韧；有花开时的骄傲与张扬；有风暴中小树抗争的倔强与挺拔；也有雏燕飞行时坠地的低泣与伤痛。不禁想到了阿尔班鹰——它的重生要经历多少等待、煎熬和伤痛啊！可阿尔班鹰在一次次煎熬和伤痛中获得了新生，它再次的凌空翱翔是因为它选择了不屈不挠、勇敢无畏的生命成长历程。

当然，我不想用一个动人的故事，去规划一个孩子的一生。但我真实地感受到，我的儿子，正在走向阳光——在他微笑的面容上，我看到了自信；在他宁静的眼神中，我看到了坚毅；在他挺拔的身躯、挥洒自如的行走中，我看到了力量和远方。这是他的骄傲，是我的骄傲，是我们共同的骄傲！

我的心开始舒展了、宁静了。与其说是母亲给了儿子自信，不如说是儿子给了母亲执着和坚定。人生就是如此，多一份坚持、多一份自信、多一份期待与鼓励，就会多一份成功的希望。

后来，儿子以优异的成绩考上了大学。一个整日沉溺于网络游戏、一个学科成绩几乎是班级末位的学生，原本上大学对于他来说只能是个梦。可是，他却用自己稚嫩的双脚走出了坚实的人生之路。这也让我获得了一次精神的洗礼，让我对教育有了更深层的理解。

也许是因为深深地爱着，才懂得生命中爱的分量。对儿子的那份呵护，对父母的那份温情，对家的那份眷顾，对事业的那份执着，让我沉醉，使我痴迷。我知道，是他们的爱首先温暖了我的生命，涂染了我生命的底色，给予了我生命的感动与力量。

和儿子的一次交谈，和父母的一顿晚餐，和朋友的一次会面，和同事的一次争辩，言语里、眉宇间、举手投足中，我体味责任，品尝亲情，在爱中成长。这一切给了我一份如茶一样浓淡自知的心情，如菊一样安安静静的情怀，给了我一份真实，一份淡定与从容，一份人生的豁达与洒脱、坦然与慰藉。

我想，我和儿子呈现给生活的是一种斗志、一种坚韧、一种真诚、一种朴素的爱。这或许就是生命的原生态，很饱满。它让我懂得：教育，不只是训教，更重要的是爱、唤醒和点燃。教育，是双向激发的生命运动，爱与被爱都会有回馈，都会催发我们成长。

书卷沉香

于静静的时光里，携一卷书，浸染于文字中。让大千世界，百味人生，高贵的灵魂和精神，跃入生命的视野——

这，便是读书的旨趣。

书是精神的巢穴、生命的禅堂，是一扇通往大千世界的天窗。走向哲学，让灵魂通透，视野拓宽；走向美学，让眼睛发现、视角清明；走近诗歌，让心灵捕捉生活的诗意、探寻生命的本真，指引人走向更为宽广、更为辽远的地方。

阅读之于儿童，犹如幼苗需要雨露。最好的教育，无疑要给孩子一个书香馥郁的童年。让童稚的心落满阳光，积蓄起许多温度；让生命的源流更清澈淳厚，激越有力。

于每个教师而言，阅读是一种学习，更是一种修身。阅读，悦读。“读永恒的书，做纯粹的人。”

走在自己朝圣的路上

“世界上有多少个朝圣者，就有多少条朝圣路。”这路，不管有多长，只要我们心里有方向，每天，都在天堂。

读周国平先生的书，每次都怀着一种朝圣的心情。近日，沉浸于《朝圣的心路》，心，似与“路”一同铺展开来——

人之一生，必有自己的心之所往，并执着坚守，这样，才活得有意义。此意触及心扉，更引我深思。

小时候，心里有很多很多梦想，这些梦想给了我一个锦绣的童年，让我每天都生活在阳光和幸福中。

长大了，参加了工作，每天跟着忙碌的生活转，跟着匆匆的时光转，不知什么时候，梦，悄悄溜走了。没有依托的心灵，常常会有一种空荡荡的感觉，也常常会有一种飘浮的感觉，总觉得自己在虚空中，活在迷蒙中。

有那么多的时日，莫名其妙地悲从心来，莫名其妙地想哭，莫名其妙地惶惑。成家立业，衣食无忧，心却像水上浮萍，游来荡去。

心漂浮了，人也漂浮，漂浮的心难以安定，人便像行尸走肉般游走在喧闹的世界中。

后来，心忽然通透了、安定了、宁静了，那是因为：我心中有了一条路，一条给我希望、乐趣的事业之路。它延伸在我的心中，我每天贴着它，感觉好温暖。在不知不觉中，忧伤不见了，随之而来的是爱、执着、信念在生命中不断萌芽与生发。

有了朝向的心，是安宁的，也是幸福、明亮的，那朝向就是我们所说的信仰吧！

《朝圣的心路》连通了我的心、我的路，也为我开启了一个新的世界——追寻有信仰的生活。

喜欢这样的解读："所谓信仰生活，未必要皈依某一种宗教，或信奉某一种神灵。一个人不甘心被世俗生活推着走，而总是想为自己的生命确定一个永恒的价值目标，他便是一个有信仰的人。"

托尔斯泰晚年拒斥写作，因为他耻于知识界的虚伪。托尔斯泰是有立场的，他的立场就是用良知说话，就是不愿再对爱慕虚荣的崇拜者说话，这是他对人生真理的不懈寻求，是他的信仰，也是他一直走着的朝圣的路。

荷兰后印象派画家凡·高，每天受饥寒所困，却又每天生活在快乐和痴醉之中，只因他心中有一条朝圣的路——绘画。

精神有依托，即使栖息于茅屋，生命都会发出永恒的光芒。如周国平所言：“凡·高用他的作品，为我们发现了一个全新的世界，一个万物在阳光中按照同一节奏舞蹈的世界。”

苏格拉底宁愿坐穿牢底，宁愿赴死，也要坚守自己心中的信仰。他认为：“人生的价值是爱智慧，用理性省察生活，尤其是道德生活。”

托尔斯泰、凡·高、苏格拉底，都是至高无上的人，因为他们每个人心中都有一个至高无上的目标。他们坚信：“人生中有一种东西，它比一己的生命重要得多，甚至是人生最重要的东西，值得为之活着，必要时也值得为之献身，这种东西必定高于我们的日常生活，像日月星辰一样在我们头顶照耀，我们相信它，并且仰望它。”

心灵有家，生命才有路。

《朝圣的心路》让我们懂得：一个人不管置身怎样的环境中，首先要找到自己的心之所向。

事实上，人是很容易盲从的动物，尤其在群体行动中，有时候更容易迷失，个体一旦被置换出来，就失去了独自行走的能力，我们需要的是内心有一个方向，那便是我们朝圣的心路。

曾经看到过这样一个故事：一个人特别想去西藏，他说他现在在江湖混得特别累，相信去了西藏，一定能得到一种超脱。

他的朋友大笑着劝他说：“哥们，别去了，没用。”接着这个朋友叙述说：“西藏之所以感人，是因为有很大一部分人，不论生存条件多么恶劣，都相信神灵。他们挖虫草挣了钱，就背着家当来拉萨朝圣，一路吃着糍粑，喝着酥油茶，把一整年的收入都捐给了寺院。路上，如果有人去世了，同伴会剪下他的头发，带上他的家当，到拉萨捐给寺院。这些信众对物质的欲望极低，低得无法让世人理解和想象，从而让许多人相信，这样的一种平和是西藏带来的。于是在俗世中劳累、受挫以后，总想去西藏寻求解脱。殊不知，这种平和源于信仰，这样的人，在哪里都能幸福。”

信仰在人的心中，不在哪个地方。正如那个朋友所言，你需要的是心中的信仰，不是西藏。

那些不顾长路漫漫、义无反顾地奔赴布达拉宫的朝圣者，他们饮寒霜，叩长头，匍匐在山路上……这种执着的精神，也正源于他心中有一个朝向，一个神圣的目标。

他们走在自己朝圣的路上，幸福和艰辛、成功与失败都不是最重要的，最重要的是那条路本身，是心中的那个方向。

“人活在世上，必须有自己真正爱好的事情，才活得有意义。这爱好完全是出于他的真性情，而不是为了某种外在的利益，比如金钱、名声之类。他喜欢做这件事情，只是因为他觉得事情本身非常美好，他被事情的美好所吸引。”

《朝圣的心路》还让我们懂得：在一个信仰失落和心灵不安的时代，自我救赎的良策就是：找到自己真正爱好的事情、找到自己心中的那条路。

回到自我。匆匆半生，得意与失意。最欣慰的是找到了自己心中的路。它让我每天都有祈盼、有寄托、有劲头、有欢笑……让我不断选择去行走，不断走向新的征程。就是在这样的行走中、遇见中，我的生命得以延展，并不断走向深远、辽阔……

“世界上有多少个朝圣者，就有多少条朝圣路。每个人正是靠自己的孤独的追求加入人类的精神传统的，而只要你的确走在自己的朝圣路上，你其实并不孤独。”

何止是不孤独，我们每天都会享受着满满的幸福。

我与诗歌

小时候就听说，生命中应当拥有诗歌。你我的身体里，有多少诗性的因子，在不经意间遗落？诗人是幸福的，他们懂得文字的力量。我们也是幸福的，诗歌抚慰了我们的心灵。

我喜爱诗歌，就像小时候喜爱歌舞那般深情。无论是清风徐扬的月夜，还是雨雾蒙蒙的清晨，抑或艳阳高照的午后……静静地，挽动一片诗行，走进每一个文字，用心——聆听——

轻柔的，曼妙的，淡雅的，缠绵的，明丽的，热烈的，恢宏的……那便是诗歌无尽的意蕴，是诗人心灵的絮语。

于是，你便会看到一颗心，很柔软很柔软的一颗心，很坚定很坚定的一颗心……于是，你情不自禁地去和它对语，你的心灵在与它的交合中慢慢地被濡染、被温润、被沉醉……我好像就是这样喜欢上了诗歌。

读诗如品茶，需静心，需细品。

记得读初中的时候，阅读诗词歌赋，要的是速度，要的是迅速掌握文意，品味诗韵大多是教师一人代劳，把他的想法认真地交代给你，你只要认真记，这诗就学完了。所以，那时对诗歌并没有什么感觉。后来自己当了语文教师，也那样教学生，但有了自己的阅读品位，对诗的感觉就大不一样了。细细读来，我感觉，诗歌真的很美，语言凝练，意蕴深厚，特别那文字中蕴含的诗情，常常让人情不自禁地沉醉其中。

“明月几时有，把酒问青天，不知天上宫阙，今夕是何年……”曾经读苏东坡的《水调歌头·明月几时有》把自己读到心醉；“寻寻觅觅/冷冷清清/凄凄惨惨戚戚/乍暖还寒时候/最难将息/三杯两盏淡酒/怎敌他晚来风急…… ”曾经读李清照的《声声慢》把自己读到心碎；“大堰河，我的保姆，她的名字，就是生她的村庄的名字……”又曾经读艾青的《大堰河，我的保姆》把自己读到落泪。

无论是“明月”“晚风”，还是“大堰河”，那落入心底的不是文字，而是缠绵无尽的诗情。这就是读诗的美妙，越读越沉入，越读情越浓，慢慢地，你就会被诗化了，置身诗中。所以，你会心醉、会心碎，还会流泪……

读诗是一种精神享受。好的诗歌不仅给人以启迪，更会给人带来精神的愉悦。

几年前，偶得泰戈尔的一本诗集，他的诗有一种神奇的魔力，读着读着，你真的会迷醉在那美妙的诗情中，想走都走不脱。

> 你是天空，你是巢穴。
>
> 啊，美丽的你，在巢穴里，就是你的爱，用颜色、声音和香气来拥住灵魂。
>
> …… ……
>
> 就是这股生命的泉水，日夜流穿我的血管，也流穿过世界，又应节地跳舞。就是这同一的生命，从大地的尘土里快乐地伸放出无数片的芳草，迸发出繁华密叶的波纹。

这应该是世界上最美的诗吧，深埋其中，忽然感觉世界无比的繁华和明亮。于是，一遍一遍地读，让那美丽的颜色、声音和香气，拥住我的灵魂，让那生命的泉水，流穿我的血管，让我的心和那泉水一同荡漾……

因为喜欢泰戈尔的诗，我发现了另一个诗人，她就是冰心。因为有一本泰戈尔的诗集就是她所译，在诗集附录上我读到这样的一段文字：

遥寄印度哲人泰戈尔

泰戈尔！美丽庄严的泰戈尔！当我越过“无限之生”的一条界线——生——的时候，你也已经越过了这条界限，为人类放了无限的光明了。

只是我竟不知道世界上有你——

在去年秋风萧瑟、月明星稀的一个晚上，一本书无意中把你介绍给我，我读完了你的传略和诗文——心中不做别想，只是深深地觉得澄澈……凄美。

你的极端信仰——你的“宇宙和个人的灵中间有一大调和”的信仰；你的存蓄“天然的美感”，发挥“天然的美感”的诗词，都渗入我的脑海中，和我原来的“不能言说”的思想，一缕缕的合成琴弦，奏出缥缈神奇无调无声的音乐。

泰戈尔！谢谢你以快美的诗情，救治我天赋的悲感；谢谢你超卓的哲理，慰藉我心灵的寂寞。

这时我把笔深宵，追写了这篇赞叹感谢的文字，只不过倾吐我的心思，何尝求你知道！

然而我们既在“梵”中合一了，我也写了，你也写了。

这就是著名儿童文学家、诗人冰心所写。她不但让我再次感受到泰戈尔诗歌的无比美妙，也把我带到另一个美妙的世界。

于是，我找来“‘梵’中合一了”的另一篇文字：

撇开你的忧愁，
容我沉酣在你的怀里，
只有你是我灵魂的安顿。

——选自《繁星》

故乡的海波呵！

你那飞溅的浪花

从前怎样一滴一滴的敲我的盘石

现在也怎样一滴一滴的敲我的心弦。

——选自《繁星》《春水》

这果然是与那位伟大的诗人同样动人心魂的不朽诗作。轻柔雅丽，每一个意象无不散发着生命的气息，我陶醉其中，尽享每一个文字给我带来的美感，让那美妙的诗情不断在我的心湖里蔓延。

生活中处处充满诗情，只要你用心去感受、发现和寻觅。我就是在不停地寻觅中，走近了女诗人席慕蓉。

大约是因为那首由她作词的《父亲的草原母亲的河》的歌曲，我深深地迷恋上了这位台湾女作家，她的词和她的诗都像她迷恋的草原一样，让人魂牵梦绕。

溪水急着要流向海洋，

浪潮却渴望重回土地。

在绿树白花的篱前，

曾那样轻易地挥手道别。

我以为，我已经把你藏好了，藏在那样深，那样冷的，昔日的心底。我以为，只要绝口不提，只要让日子继续地过去，你就终于，终于会变成一个，古老的秘密。

走进席慕蓉的诗，我忽然像走进一个美丽的世界。那世界里的每一样东西，都与我有关。我肯定，她就是我今世的一个等待，当她走来，我正盛开，她在我的世界中出现，让我找到了生命永远的托付，也让我看见了自己的心。她的诗情扬洒在我的世界里，让我可以随着她的文字一起去听，去看，去梦。

除了泰戈尔、冰心、席慕蓉的诗，我读的诗不多，但对那些我认为的经典之作，必一一去读。如林徽因的《你是人间的四月天》，徐志摩的《再别康桥》《偶然》，余光中的《乡愁》，戴望舒的《雨巷》，海子的《面朝大海，春暖花开》，舒婷的《致橡树》，卞之琳的《断章》等，这些诗最值得品味的是，它们不但散发着浓郁的情感，还内含美好的精神元素，其优美的语言和丰富的意象如一个个美丽的音符，连接着你生命的清响，如细雨滴落心间。

德国诗人荷尔德林说："人，诗意地栖居在大地上"，我非常喜欢这种表达。那么，如何才能诗意地生活？当然并非读几篇诗歌就可以，我们需要的是有一颗诗心，不被世俗污染，不被杂乱裹挟。

"人活在树木与水塘之间，活在劳动和精神自由之中，活在诗歌和艺术的边缘，活在有尊严和挚爱的生活之中，定会活得舒服些。"（陀思妥耶夫斯基）

我相信，终日以诗为伴，我们的内心必少去很多喧嚣与浮躁。这样就会慢慢孕育出我们的一颗诗心。读诗的意趣，可能也正体现在这里。

我爱诗歌，爱它的繁华，爱它的淡雅，爱它的多姿多彩。如果用最美的一首诗来讴歌诗歌的美，它便是林徽因笔下的"人间四月天"。

世界美如斯

那开在墙角的野蔷薇是美的，那飘浮于天际的云是美的，那翩翩飞舞的雪花是美的，那时光流淌的声音是美的，那充满歌声的岁月也是美的……世界美如斯，“我们没有时间孤独，我们唯有欢乐的时间”。

之所以买了这本书，首先是因为书名吸引了我——“世界美如斯”。其次就是封皮上面那几个字深深地诱惑着我：“诺贝尔奖诗人苦难人生的唯美追忆”……

扉页所见是极其简单的作者介绍：“雅罗斯拉夫·塞弗尔特：捷克著名诗人，1984 年诺贝尔文学奖得主。他的创作主题围绕着爱情、艺术和对祖国的热爱，主张诗歌不应局限于斗争主题，而是关注心灵世界，歌咏恬适生活和欢乐时光。”

细细品读这些文字，已然让我心动。于是每天，择一段时光，在作者朴素而深情、带着透明的忧伤的诉说中，慢慢走进那个“世界”。

寂静时当我回首前尘，特别是当我紧紧闭上眼睛的时候，我只要稍一转念，就会看到那么多好人的一张张面孔。在人生旅途中，我同他们不期而遇，同他们中的许多人结下了亲密的友情，往事一件接着一件，一件比一件美好。我仿佛觉得，同他们交谈还是昨天的事情。他们递过来的手上的温暖我还感觉得到。

淡淡的回忆、淡淡的惆怅、淡淡的忧思，字里行间溢出的温度、味道和气息，从作者的心灵缓缓流出，又缓缓流淌进我的心间。

静静地聆听中，我感动着。

那是一个宁静清纯的世界——

那带有质感的每一个字，不仅是作者对美好生活的一种追忆，更是他生命琼浆的自然流溢。他的从容与平淡，他的宁静与清纯，他对世间一切的爱，都静静地流溢在他的文字之中，所以，读他的文字，我们就如同走进一个平和安宁的世界。

> 那是一个美丽的五月的黄昏。其他黄昏都不应该存在。坎帕岛的丁香花成串儿挂在河水上。丁香花岂不跟托茎朝向的葡萄串儿一样吗？水面上洒满了夕阳留下的色彩缤纷的小蝴蝶结儿，河水惬意地伸着懒腰，恰似一个娇媚的女人。水坝的梳子梳理着流水。

这又是一个美妙光华的世界！

在作者的眼中，自然界中的一切事物，青山绿水、悠悠白云、天上的飞鸟、水里的游鱼，一切的一切，无不呈现出生命的欢欣！更可贵的是，他在微小的事物中汲取快乐，哪怕只是夕阳映在水塘，哪怕是一个女人的一个微笑，他都认为那是一种“馈赠”。

他把自己融于自然、艺术和这个美的世界中，他的心也是欢欣着的、惊喜着的。

> 这不是女孩子，是一朵花，我尝到了生活中有时叫作幸福的滋味。

作者不仅在描绘美、歌颂美，同时也是在欣赏美、享受美。美已深入他的血液，美已成为他的生活方式。

好的作品，有时就是这样神奇。它会让你宁静下来，让你的心清凌而舒展。它也会让你萌动起来，让你的心欢快而澎湃。

《世界美如斯》给我的，正是这般体验。

在那个清澈、明净、美妙、光华的世界里，我体会着人间的大美与大爱，更体会到作者美好的心灵境界。

诗人完成这本书的时候，已届耄耋之年，但我们从他诉说的一则则美丽的故事中可见，诗人历经几十载波澜起伏的人生，却真纯如斯，仿若赤子。“我们没有时间孤独，我们唯有欢乐的时间”，诗人把加缪这句话作为该书题记，正映现了他内心世界对美好事物的珍爱、珍惜以及他积极向上的乐观心态。

由此，“他无心在书中翻检罗列所有过往，而是在记忆长河中淘洗出苍茫往事的美丽珠玑，用思索和追念细细抚摸”。

“我为能够感到自由而写作”，这是他作为一个伟大诗人的使命，因为他拥有一颗无限广阔的心，所以，他能够去掉一己的私心、私利、私欲，在这广阔的世界中获得生命的无限自由与潇洒。

“写文章是自己守着自己的心！”我相信塞弗尔特就是守着自己的心在写作。他的心是宁静的、平和的、辽阔的、善的，所以，他呈现给我一个宁静的、平和的、辽阔的、善的世界。

塞弗尔特，用善与爱拥抱整个世界。在他的眼里，童年、爱情、艺术、大自然……全都闪烁着钻石的光彩，散发着四季林间草地的馨香，给你诱惑，给你希望，给你美的享受和精神的陶冶。

雨果说过：“善是精神世界的太阳。”塞弗尔特用他的善观照着他周围的人和自然界的一切。这样的心境，使他的胸怀也变得与自然世界一样宽广无限。他爱每一个人，他看到每个人善良美好的本质，他看到每个人内在的纯净光明和神性光辉。这样的善与爱，使他内心变得柔软慈悲、祥和宁静。

这位诗人，把生活的一切细节都变成诗。他引我们关注苦难人生，他使我相信人心向善。在暴政与疏离的现实里，他召唤出另一个世界——美的世界。

他还让我看见了另一种截然不同的人生答案。面对困苦和磨难，一个人可以选择逃避、沉溺、终日昏然，也可以选择欣然应对、乐观向前，换一个视角看待世界。

塞弗尔特选择的是后者，所以，他让我们看到了一个宁静、光亮的世界。

他博大的怀抱里有令人感动和怀念的平凡人，有可亲可敬的文学艺术家，塞弗尔特让我们真切地感到了“善”的力量，爱的力量。战争、疾病和苦难并没有使诗人陷入恐慌和精神萎靡，却让他时时能够找寻到生活中的亮光。

有人说：文学，就像苍茫时分的一抹嫣红，它陪伴着我们的灵魂，提升着我们内心那些辽阔的寂寞，氤氲起我们波澜壮阔的精神背景，有时，还成就起我们的大日子。

读塞弗尔特的《世界美如斯》，的确让我的生命化育出新的生机。在与这位诗人的对话中，我不时进行内省与自察，我的心也得到了温润。相比塞弗尔特的精神世界，我感到了自己的狭隘和渺小。

我们生活在一个和平与明丽的时代，却常常被些许的灰暗遮蔽住眼睛，蒙尘的心灵常常陷入困顿与忧虑。生活常常被负面情绪所笼罩，让我们错过了很多美好的光阴。塞弗尔特深情的呼唤，让我们醒悟，也让我们奋进。他告诉我们：世界是美好的、多情的，是善的，它飘荡着花香和温暖。我们每个人都需要这样的一个世界。

是的，当我们从如歌的四季中走来，我们会深深地感受到，有很多意想不到的惊奇藏在生活的细微处，能随时绽放。我们应该做的就是，以心底的纯净作为伊甸园的土壤，慢慢耕耘，以一种发现和欣赏的眼光去看待这个世界，我们就能够随时捕捉那美丽时刻的到来。

一个内心世界非常丰富的人，一个富有爱心和教养的人，一个富有想象力和创造性的人，一个能够唤起人们对生活的热爱与柔情的人，一定是善的、美的。

塞弗尔特就是这样一个人。所以，他拥有一个美的世界。

我庆幸自己在这样美好的时刻，读到这样一本美好的书。这本书呼唤醒了我心中沉睡着的无比柔软的自己。

我爱这个自己！我更爱这个世界！

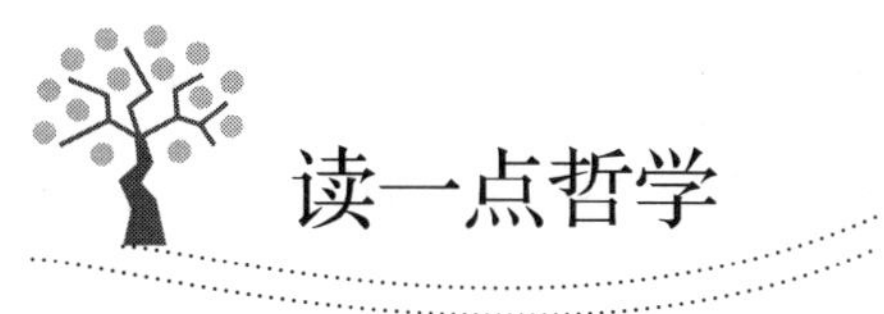

读一点哲学

哲学是最能触及生命的东西。不断地走进它，你就会不断认识自我，认识生活，认识世界，从而不断走向智慧。

起初，我对哲学的认识是：高深、玄妙。因此，我极少去阅读有关哲学的书籍。后来随着阅读视野的不断扩大，也渐有涉猎，如《哲学与人生》《对话录》《人性能达到的境界》等。这些书给我的启迪是其他书籍所不能及的，也让我发现了哲学的高妙与理趣。

哲学引人学会思考，走向智慧。哲学引人学会省察，心智通透开明。

一个思考力差的人，他的心智就很难达到通透与开明。于我而言，很多时候，正是因为不善于思考，而让自己陷于蒙昧与困顿。

走进哲学典籍，首先触动的就是我的思维。因为那些蕴含深刻的文字，需开动脑筋，需沉潜运思，才可得其些许真义。

我相信，我是从读这些东西开始，慢慢学会深读精思，学会“旁通统贯，把宇宙与人生连接为一个整体”，学会让自己多一些理性思考。这是哲学带给我的最生动的一课。

读苏格拉底，他那些生动的小故事常常让我思维跃动，豁然开朗。

寻找快乐

一群年轻人在到处寻找快乐，却遇到许多烦恼、忧愁和痛苦。他们向大哲学家苏格拉底请教：“老师，快乐到底在哪里？”苏格拉底说："你们还是先帮我造一条船吧！"

这群年轻人暂时把寻找快乐的事儿放在一边，找来造船的工具，用了七七四十九天，锯倒了一棵又高又大的树，挖空树心，造出一条独木船。独木船下水了，他们把苏格拉底请上船，一边合力划桨，一边齐声唱起歌来。

苏格拉底问："孩子们，你们快乐吗？"

他们齐声回答："快乐极了！"

苏格拉底说："快乐就是这样，它往往在你为着一个明确的目的忙得无暇顾及其他的时候突然来访。"

在真实的生活体验中寻找事情的道理，这就是苏格拉底的思维方式。他引导我们走进真实的生活情景中，用心去体察，以正确的方式去认识事物，这是苏格拉底的神明之处，也是哲学的高妙之处。

苏格拉底一生没有留下半点著作，但从他的弟子柏拉图的《对话录》中，我们足以洞见他思想的光辉，他的"心灵的转向""灵魂不灭说""寻求事物的普遍定义"" 助产术和揭露矛盾的辩证法"等哲学思想都带给我们深刻的启迪。

苏格拉底关于教育的思考，更引导我的思维走向精进，同时引领我不断地去思考教育，理解把握教育的内涵。

他认为：一切知识，均从疑难中产生，愈求进步疑难愈多，疑难愈多进步愈大。他主张有知识的人才具有美德，才能治理国家，强调"美德就是知识"，知识的对象是"善"，知识是可敬的，但并不是从外面灌输给人的，而是人的心灵先天就有的。把人的先天就有的、潜在的知识、美德诱发出来，这就是教育。

"疑出智慧，关注美德，反对灌输而强调诱发"，这些观点，发人深省，也正是我们新课程理念所倡导的。最重要的是，苏格拉底对教育的这些思考源于他对知识、对生活深度的探索和体认。下面这个小故事或可展现一二。

一个青年问苏格拉底："怎样才能获得知识？"

苏格拉底将这个青年带到海里，海水淹没了年轻人，他奋力挣扎才将头探出水面。苏格拉底问："你在水里最大的愿望是什么？"

"空气，当然是呼吸新鲜空气！"

"对！学习就得使上这股子劲儿。"

苏格拉底告诉我们：智慧的获得源于"疑"，源于思考，源于真实的体验，更源于对智慧不懈的追求。而他自己也正是在这样的过程中追求智慧，最终成为智慧的化身。

读苏格拉底，也让我学会了去不断地省察，从而让自己的心智通透开明。苏格拉底有言：没有省察的人生没有意义。哲学就是让人不断省察和修炼。

如何进行省察？我的认识是：省察就是"寻根问底"，就是"旁通统贯"，就是"体验真实"，就是在人间万象中，在大千世界里，找到那个本我，并思考"我"的价值，"我"的意义，"我"的活法。

省察，让我发现自己的不足，从而在反思、学习和实践中跃进。当我省察自己，作为一名教师其真正的价值和意义是什么时，我忽然发现了自己的浅薄和无知。其实，我从来没有思考过有关这方面的问题，其实，我从未明确过教学的真义，我只是为教学而教学。于是，我羞愧了，于是，我开始思考，开始去追问，教学的真义是什么？我们为什么而教？怎样教？教什么？这样的思考和追求，促我去阅读，去探寻，去实践体验。于是，我越来越清醒。省察的过程，开拓了我的视野，促进我不断地成长和成熟。

读苏格拉底，还让我的精神受到濡染。他对智慧的不懈追求，对真理的执着坚守，闪烁着他人格的光辉，带给世人的是一种惊叹，一种力量。

他让我们真正体认到：生命的长短并不是很重要，重要的是生命的密度。有些人可以在很短的一生中，以一种信念作为原则，表现出生命的精彩。如亚里士多德所言："他把一个人的生命充分活出来。从他一生的经历中，我们可以获得启发，体认人生总是会面对各种遭遇，会有得意、失意，即使面对不义时，都要坦然接受。更重要的是，人活在世界上，要把关注的重点，由外在转向内在，因为人生终究会结束。"

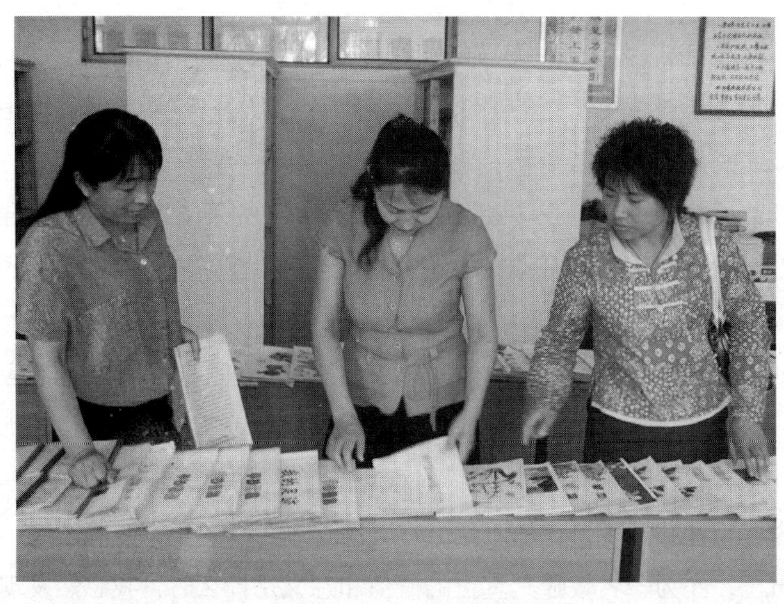

除了苏格拉底，给我启发最大的还有亚里士多德。他的伟大思想所折射出的光辉，常常让我的眼前一亮。

"思维是从疑问和惊奇开始的，常有疑点，常有问题，才能常有思考，常有创新 。"" 美是一种善，其所以引起快感，正因为它善。""人生最终价值在于觉醒和思考的能力，而不只在于生存。""德可以分为两种：一种是智慧的德。另一种是行为的德。前者是从学习中得来的，后者是从实践中得来的……"

亚里士多德对教育的思考，同样给我们带来巨大的启迪。他强调

“疑”，强调“美”和“善”，强调“德”的获得要来自学习和实践。这一点与苏格拉底的哲学思想如出一辙，都是引人向善向美，引人通过质疑、思考、学习、体验获得真知。

在亚里士多德身上也同样闪烁着一种高贵的人格光辉。“吾爱吾师，但我更爱真理”“优秀是一种习惯”等精彩论述，道出了亚里士多德一生的追求，也引领着我们去追求高贵幸福的教育人生。

马斯洛、笛卡儿，也是我敬佩的哲学家。

“金字塔”和需求层次理论让我永远记住了马斯洛的名字。他的需求层次理论对我的影响是巨大的。他让我真正懂得：一个人不仅具有生理的需求、安全需求、社会需求、尊重的需求，还有自我实现的需求。“一位作曲家必须作曲，一位画家必须绘画，一位诗人必须写诗，否则他始终都无法安心。一个人能够成为什么，他就必须成为什么，他必须忠于他自己的本性。”

“我思故我在”又让我永远记住了笛卡儿的名字，他的《思维指南录》《冥想录》等著作都给了我深深的启迪。

“离开人生，哲学是空洞的，离开哲学，人生是盲目的。”

翻开每一部哲学典籍，给人的不仅是智慧，更是一种文化的濡染；纵观每一位圣贤的人生轨迹，我们发现，他们的生活都是如此简朴，但在他们灵魂深处，都有着令人无法企及的高贵。

我崇尚哲学，崇尚那些为人类带来思想光辉的哲人。倘若没有那些哲学之光，我的生命还在混沌的世界里漂流。我能见到一点哲学的亮光实乃人生大幸，我愿意永远沐浴在它的光亮中，也愿意不断地用心灵去触摸它，让它不断涤荡我的魂灵。

于是，虔诚地去读，虔诚地思考，小心地把他们的精神根植在我生命的“园”中。

我喜欢每天让那天外之音，敲击我的心灵。

清玄之音

这人生，读透了，清如菩提；看透了，心镜澄明。如果你无此慧根，读不透，看不明了，何不听听这清玄之音——

我读的第一篇林清玄先生的作品是《桃花心木》。文章写作者看到了一个栽种桃花心木苗的人，奇怪的是，这个人给树木浇水的时间很不规律，而且每次浇水的量都不同。他感觉好奇就去问那个种树的人，那个人告诉他说，他那是模仿老天下雨，因为老天是不定时不定量地下雨。如果我们有规律地给树苗浇水，那树苗就会产生依赖的心理，不会自己寻找水源独立成长。听了这话，作者忽有所悟："不只是树，人也是一样，在不确定中生活，能比较经得起生活的考验，会锻炼出一颗独立自主的心。在不确定中，深化了对环境的感受与情感的感知，就能学会把很少的养分转化为巨大的能量，努力生长。"

第一次聆听这清玄之音，我就感受到一种独特的味道，文章语言简朴、清新，却蕴含着深厚的哲理和意蕴。

后来我又读到林先生的《从生命的最底层出发》。"……在人生最底层也不要放弃飞翔的梦想""学习看见我的心""成功是今天比昨天更慈悲、更智慧、更懂爱与宽容"……透过这朴实的文字，我看到一个人"在一个几乎没有文化和文明的地方"，在一个十分贫困的家庭中长大，17 岁离开家乡，30 岁辞掉所有工作上山闭关清修和思考，三年后"感觉自己有了很多领悟”便决定下山，下山后正式开始了自己的写作之旅……

一个不断修行的人，弹奏的每一首乐曲都融合着禅韵，让我们看见一颗纯净、柔软、庄严、善良的心。

这就是我对林清玄先生作品的最初感受，也是最深切的感受。

我喜欢这样的感受，于是，我让那清玄之音不断流淌进我的生命。在这个过程中，我又发现了他作品的另一种美：

偶尔在山中的小池塘里，见到一朵红色的睡莲，从泥沼的浅地中昂然抽出，开出了一句美丽的音符，仿佛无视于外围的污浊，这时我会想：呀！呀！究竟要怎么样的历练，我们才能像这一朵清净之莲呢？

柔软心是大悲心的芽苗，柔软心也是菩提心的种子，柔软心是我们在俗世中生活，还能时时感知自我清明的泉源。

恬淡自然，蕴含佛理，读着读着你的心就会安静下来，沉淀下来，慢慢地就会变得清净、明朗、澄澈。这是一种禅意的美。

春天的花园有非常之美，远远看是千针万绣的一幅图画，近观，则色彩一一从图里跳跃出来，我们着在花上，春天是一朵花；我们立在园中，春天是一花园；我们呼吸，春天是一股清气；我们倾听，春天里有惊蛰的鸣叫。

云是夕阳与风的翅膀，云是闪着花蜜的白蝴蝶；云是秋天里白茶花的颜色，云是岁月里褪了颜色的衣袖；云是惆怅淡淡的影子；云是……云有时候甚至是天空里写满的朵朵挽歌！

这些文字里，有花的鲜美，云的优雅，风的温柔，有自然的博大，更有人性的芬芳。我似乎嗅到：那里有一种淡淡的香。它弥散在我的心里，让我感受到一份真，一份善，一份和谐与纯净。

在世俗的生活中，宇宙、天堂、永恒、无限、神圣、天使……都是那么遥远，可是当一个人深深融入一粒沙、一朵花、一只百灵鸟，也就进入了生之秘境。

林清玄先生正是在这样的融入中、参透中，弹奏出生命的清响。

当我深深地迷恋于那生命的清响——《玄想》《清欢》《林泉》《心的菩提》《情的菩提》……我又发现了一种美——“洞见”。

有人评价木心的作品说：“木心开屏，美在洞见”，我读林清玄的作品，同样发现了这样的美，愈读愈悠远，愈读愈深厚，愈读愈通达，愈读愈通透。

> 轮回的不只是人，整个世界都在轮回。我们看不见云了，不表示云消失了，是因为云离开我们的视线；我们看不见月亮，不表示没有月亮，而是它远行到背面去了……
>
> 能感受山之美的人不一定要住在山中，能体会水之媚的人不一定要住在水旁……只要心中有山有水也就够了，因为最美的事物永远是在心中，不是在眼里。

平淡而隽永，明澈动人，这文字犹如一股真淳的凉风，吹开我们心中的迷雾，让人豁然开朗，让我们从中洞见生活的真谛。

人生就是一场修行，林清玄先生的写作也是一种修行，或者说是修心。他怀着一颗悲悯之心，带着一点关怀、一点善意、一点温柔，去触摸一瓣花、一片树叶，去凝望一朵云、一条小溪，去感受夏风、秋雨……在广大天地、在黑暗中、在忧伤深处、在冷漠之际，沉淀、思索、洞见，并在笔端流泻出带着质感生命的交响。

当我再次翻开他的《玫瑰海岸》《处处莲花开》《迷路的云》《白雪少年》，别致的文字，如一道道清泉，缓缓地向我心中渗透，又如人世间的一片净土，一缕莲花的馨香，让我的心灵得到净化。

读书有时就是在读人。我们与文本进行对话的过程，就是与作者的心灵进行对话的过程，也是与作者所描绘的世界对话的过程。在这个过程中，我们不仅会看到人心，还会看到人心背后的东西。这是阅读更高妙的一种境界。读林清玄先生的作品，我们不仅看到了一颗善心、清净心、纯正心，更会看见另外的世界——自然的世界、禅的世界。

他之所以能够写出如此美妙的文章，一方面源于大自然对他的陶冶，另一方面则源于佛教文化对他的熏染。他清修三年，深入经藏，超然物外，修身养性，深得佛理。他怡情自然山水，与春风对话，与秋雨对话，与清泉对话，与山花对话，自然的灵秀已浸透他的生命，让他获取了无尽的智慧。

智慧开花的人，他的芬芳会弥漫整个世界，不会被时节所限。一个拥有戒、定、慧品质的人，即使身处逆境也难掩其人格的芬芳。

这就是林清玄，一个在生命的最底层也不放弃梦想的人。

永远保持心内的向往、期盼，与祝愿，
永远不失去心里清明的莲花。
一个人如果心如莲花，
纵使在红尘飞扬的世间，
也不失去庄严、曼妙的心情。

林清玄做到了，所以，他心静如莲、质洁情真。所以，他活在一个真情明丽的世界。

大道至简

《道德经》讲道，《论语》有道，《庄子》明明在说道 。读肖川教授的教育随笔，让我愈加相信：教育即是一种布道。

非常喜欢肖川教授的教育随笔，洋洋近百万字，融哲学的理趣、散文的韵致和人文情怀于一体，每每读之，受益匪浅。

且读且思，萃取其思想精髓及个人体悟，究其根本是两个字：“道”和“情”。

何谓“道”？

万物运行之规律谓之“道”。“道”，是一切的起始与归宿。老子用它来形容宇宙与万物的起始与终结，它代表了最根本的东西。

何谓“情”？

即情思、情感、人文情怀。肖川教授的教育随笔，正是站在哲学的层面上，深度诠释了教育及人生规律性的东西——即教育之道和人生之道，以及深厚的人文情怀。

> 良好的教育一定致力于引领学生自己用眼睛观察，用自己的心灵去感悟，用自己的头脑去判别，用自己的语言去表达。良好的教育使得一个人成为真正的人，成为他自己，成为一个不可替代的、立于天地之间的大写的人。

把人的培养作为教育的核心目标，这正是教育的本质问题。

教育是一个激荡心智、沐浴灵府、贞立人格、彰显个性的活动。从学生成长的过程来说，是精神的唤醒、潜能的显发、内心的敞亮、主体性的弘扬与独特性的彰显；从师生共同活动的角度来说，是经验的共享、视界的融合与灵魂的感召。

关注学生精神的成长，关注学生潜能的显发，关注学生内心的敞亮，这又是一种深厚的人文情怀。

任意摘取肖川教授的教育随笔中的一段文字，你都会读出这样的“道”和这样的“情”。

肖川教授围绕人的发展，说开去。他的话题，几乎涵盖了教育的所有领域。

字里行间，我们不仅能领悟到高尚、丰富、独到、深刻的思想，更能“读出一种情怀，一种心境，一种胸襟，一种器局，读出一个完整的、活生生的有血有肉的人”。这也正是肖川教授写作的旨趣。

有人说，道在养育心，术在支撑头脑，一个人要想愉快自由地活着，道和术都需要。

反思我们现在的教育，其最大的误区就是更多地关注了“术”的培养，而忽略了“道”的熏陶，导致很多孩子有技术，没思想，有分数，没灵魂。这是教育之殇。

最近读了一篇文章叫《一种柔软的教育，道的教育》。文中倡导教育要更多关注“道”，即养心。因为“道”是树根，“术”是树枝或花朵，术的培养结果固然更直观，但道的意义更深远。

重“术”而弃“道”则本末倒置。林清玄有这样一段话令人深思：“我自己有三个孩子，深知培养孩子的艰辛和困难，我并不期许我的孩子在课业上得第一，但我期许他们有天真的心、纯善的心、美好的心、庄严的心，能在这浑浊的世界，保持清明，能在这悲伤的人间，拥有快乐。”

“育心”，这正与肖川教授的教育思想相契合。

“育心”，就是回到“道”，回到教育的本质和教育规律。简言之，就是回归儿童天性，回归发展本位。教育要关注人，关注生命的成长，引领学生“追求人类永恒的精神价值：智慧、美、真、公正、自由、希望和爱，以及建立与此有关的信仰”。这是肖川教授所倡导的完美教育。“完美的教学一定能让学生感受到人性之美、人伦之美、人道之美；感受到理性之美、科学之美、智慧之美；感受到人类心灵的博大与深邃；感受到人类所创造的文化的灿烂辉煌；能够唤起学生对于生活的热爱与柔情；唤起学生对未来生活的热烈憧憬和乐观、光明、正直的期待；能够以新的眼光审视生活、洞察人性的物理。”

这就是“育心”。让心纯正，让心清明，让心宽厚，让心和善，让心臻美。

如此，教育就简单了，因为它抓住了根。一个向善向美的人，不会轻易被困难吓倒，不会轻易放弃自己的目标。他会努力寻找阳光、水分来滋养生命，努力向上生长，最终成为一个纯正的人，成为一个充满正能量的人，成为一个积极向上的人。我们要培养的正是这样的人。

如肖川教授在《教育的期待》中所言：教育内在于一个人文的世界。在这个世界中，教育的方向和效果更多地取决于我们的信念和期待。良好的教育必定有一个预设的价值——“人性向善”。以人性向善为价值预设的教育，力图引导受教育者营造明丽的内心生活，构建坚实、丰富、光明的精神世界，引导人生对世俗功利和有限性的超越，唤醒、弘扬、提升人性深处对正义与光明的期待。

“育心”，就要以文化人，让教育处处充满人文关怀；“育心”，就要解放学生、顺乎天性、激发潜能、培植自信心，让孩子主动发展、和谐发展；“育心”，就要转识成智，把学生从记忆知识的负累中解放出来，让他们有更多自由舒展的时空，去汲取生命更丰富的营养。

关注精神发育，放眼孩子的一生，这就是教育的“道”。

一个称作学校的地方

这里，是梦想起飞的地方；这里，是生命绽放的地方；这里，连接自然、社会和人生。帕夫雷什中学，就是这样的地方，一个称作学校的地方。

帕夫雷什中学是苏联的一所十年制普通乡村学校。举世闻名的教育家——苏霍姆林斯基的大部分教育生涯就是在这里度过的。

他以这里为基地，实践并发展“自己的教育信念”；他以这里为取材源泉，抒写他那生动感人的教育诗篇。

走进“帕夫雷什中学”，让我认识到什么是真正的学校。

把“人”的发展作为第一要素

“设计和造就全面和谐发展的人”是帕夫雷什中学校长和教师的崇高使命。

如何完成这样的使命？

苏霍姆林斯基积极倡导“要使德育、智育、体育、劳动教育和审美教育，深入地相互渗透和相互交织，使这几方面的教育呈现为统一的完整的过程”。他强调：智育、体育和健康是与精神生活相关联的；美是道德纯洁、精神丰富和体魄健全的有力源泉；劳动教育对全面发展有着十分重要的意义。

于是，我们看到：在帕夫雷什中学，智育、德育、体育、美育和劳动教育是并重的，相互融合、相得益彰。

而在目标落实上，苏霍姆林斯基又把关注点聚焦于每一个孩子身上。“最主要的是，要在每个孩子身上发现他最强的一面，找出他作为个人发展根源的‘机灵点’，做到使孩子在他能够达到最充分地显示和发挥他天赋素质的事情上达到他的年龄所能达到的卓越成绩。”

在帕夫雷什中学，每一个孩子都有自己个性发展的平台和空间。他们不止在课堂上，也在体育锻炼中、在劳动中、在有意义的德育教育活动中，使潜能得到最大限度的开掘。

构筑师生诗意栖息的精神家园

精神有依托，生命才有路。

在苏霍姆林斯基看来，一个真正的学校，必须为师生提供一种精神环境——“丰富而多方面的精神生活”。德、智、体、美、劳各方面都必须在“丰富而多方面的精神背景”上进行。依据这样的理念，苏霍姆林斯基进行精心的规划和设计。

其一，为学生提供了充足的课余活动时间。

他们为学生建立为数众多的、足以满足每个学生精神需求的课外活动小组。

我们看到，在帕夫雷什中学，孩子们在校的大部分时间除了课堂的学习，还要参加各种课外活动，他们走向大自然、走向社区、走向图书室、走向劳动场所，参加十分有趣的、有意义的活动，不断丰富自己的情感，使精神不断得到涵养。

其二，把爱植根在孩子们的心田。

一个校长“最主要、最重要的品质就是：深深热爱孩子，有跟孩子们在一起的内在需要，有深刻的人道精神，有深入到儿童精神世界中去并了解和觉察每个学生的个性和个人特点的能力”。“一个好教师意味着什么？

首先意味着他是个热爱孩子的人，感到跟孩子交往是一种乐趣，相信每个孩子都能成为好人，善于跟他们交朋友，关心孩子的快乐和悲伤，了解孩子的心灵，时刻都不曾忘记自己也曾是个孩子。”

苏霍姆林斯基做到了。

我们看到，在帕夫雷什中学，师生关系是和谐的。校长和教师是孩子们的导师，还是孩子们的玩伴，也常常做孩子们的知心朋友。

这一点，动人心扉。

其三，让书香溢满校园。

一所好学校首先应该是一个书籍的殿堂。“无限相信书籍的教育力量”是苏霍姆林斯基的教育信仰的真谛之一。

我们看到：在帕夫雷什中学，只苏霍姆林斯基自己藏书就有 1.95 万册。除此之外还有 1.8 万册的图书馆藏书，4.9 万册的教师私人藏书。

这里是一个书籍的世界，这里的图书随手可得，一种热爱书、尊重书、崇拜书的气氛浸染了一个美丽的学校。

因为在苏霍姆林斯基看来，一所学校可能什么都齐全，但如果没有为了人的全面发展和丰富的精神生活而必备的书，或者如果大家不喜爱书籍，对书籍冷漠，那么就不能称其为学校了。

这一点，我深信不疑。

其四，把大自然作为美育的重要源泉。

苏霍姆林斯基有一个重要的教育信念——大自然是美育的重要源泉。

于是，他们不断引领孩子们巡游美的世界——游览、远足、组织观察和研究自然现象等活动。

他们带孩子们去田野、草地、池塘、河边，去树林和山谷，去果树园等，把大自然四季里无限的美景展现在孩子们面前。

在他们多彩的活动中，我们还常常看到这样的情景：“树林里，教师和孩子们一起采集落叶，每个人都在尽情寻找色彩最绚丽的叶子。他们在森林里休息，生起篝火，男生去拾柴提水，女生架锅煮饭。”

这情景令人心生向往。

苏霍姆林斯基的观点是：“美育的任务是教会孩子能从周围世界（大自然、艺术、人们关系）中看到精神的高尚、善良、真挚，并以此为基础确立自身的美。”

苏霍姆林斯基做到了，他不但让孩子们体验到美、创造美，也让孩子们活出真性情。

这一点，令人感佩。

其五，把学校与社会、家庭相连接。

建立“学校—家庭教育体系”，是苏霍姆林斯基为培养全面发展的人所采取的有效措施之一。

为此，他在帕夫雷什中学办起了家长学校，并授以“父母教育学”。

我们看到：帕夫雷什中学孩子的家长们，不再是学校教育的旁观者，而是积极的参与者，甚至成为指导者。家校共同体的建立，让孩子们有了更广阔的接受良好教育的空间和时间。

其六，让教师过着丰富多彩的精神生活。

苏霍姆林斯基给教师提供充裕的自由支配的时间，让他们有暇思考教育教学难题和总结工作经验，有暇结合工作实际博览全书。引导他们沿着实践、读书、科研相结合的道路不断前进，使之有所发现，有所创新，做到使个人的探索小溪汇成集体创作的洪流，最终用共同的教育信念，把全体教师团结成一支攻克教育堡垒的坚强的队伍。

丰富多彩的精神生活，让教师有所依，有所盼，有所归。

精神开花了，生命更会蓬勃旺盛。

苏霍姆林斯基创造了这样的精神境界。

毫无疑问，苏霍姆林斯基的成就，首先就源于他在精神上对教育的至爱和追求。

走进帕夫雷什中学，它给我的不仅是指引，更是一种震撼和启迪。

我们应该感谢帕夫雷什中学，它丰富的教育文化赋予苏霍姆林斯基如此不朽的智慧。

我们更应该感谢苏霍姆林斯基，是他缔造了帕夫雷什中学，为我们奉上了一部“活的教育学”。

美国学者约翰·I·古得莱得，曾著有《一个称作学校的地方》一书。他通过严谨的深度调研，从一批有代表性的美国中小学校收集到成千上万的研究数据，反复论述了12个主题：（1）学校的功能是什么？（2）学校生活是否有益于学生生命成长；（3）教师如何教学；（4）围绕着教学的环境；（5）构成课程的活动、教材和测试体系；（6）学习资源的分配；（7）平等；（8）隐性课程；（9）满意度；（10）对数据的需求；（11）学校是改革的主体；（12）关爱。

“一个称作学校的地方”，至少在以上12个方面是得到认可的。

读苏霍姆林斯基的《帕夫雷什中学》，我找到了所有的答案，因为，它是一个真正可“称作学校的地方”。

一位初中生给《初中生世界》的“方方有约”专栏写信道：“在学校，我周围尽是些像我这样痛苦的学生，除了学习、学习再学习，我们不知道还能够做些什么。不知道还应当做些什么。我最好的同学有一天对我说，他真不想活下去了，我听了很害怕。”

看到这段饱含痛苦和无奈的叙述，我很心酸，也很害怕。

我们的学校教育到底怎么了？我们的学校教育到底应该带给学生什么？我们应该办怎样的学校？

静读《帕夫雷什中学》，给我迷茫的心灵带来欣喜。

那里是教育的一片曙光，那里是教育的一片圣地。

而其全部的精神内涵就是：育人，唤醒人的自我意识，培养自主意识，捍卫人的权利和人格。尊重规律，成就大写的“人”。

浴情山水听物语

走向山、走向水、走向万卷书之外的风雨兼程。与花儿对歌，与清风、飞雪共舞，与千江水月对白，与胸中万壑、眼中盛景对接，这便是行走的意蕴——带着灵魂飞升。

每一次的行走，梦想、世界、苍穹万物、世态人生，便在眼前渐次舒展。

“昨天的教科书是孩子的世界，今天的世界是孩子的教科书。”万物有灵，最好的教育在路上。让孩子走进大自然，在自然的广袤、朴素和原始中，获得更为丰饶的生命养料，让心更加宽广纯净、坚毅而柔软，此乃当今教育不可或缺的一课。

纵情山水，见证艰辛，见证虔诚，见证神秘，见证梦想，见证温情，见证成长。

这，便是人间大美。这，便是最生动的课堂。

杏花·雨

人生有很多次相遇，有些相遇注定会成为生命中永远的风景。就如那场杏花雨，它浸润了我25岁的青春，直至老去，不会忘却。

雨还在下，缠缠绵绵，如剪不断的思绪……

满树粉红色的杏花。

我没有撑伞，亦如这杏花，任凭这细雨沐浴浸润。缕缕情思伴着细雨的韵律，在心底弥漫、升腾，升腾、弥漫……

剪剪轻风细细雨，柔柔杏花始盛开。眼前的景象不由得让我想起静，想起我们一起临风听雨细数花蕊的情景。

那是一个明媚的五月，我和静同在一个农村中学教书。因为意趣相投，我们成了最知心的朋友。工作中我们相互启迪、相互勉励，生活上我们更有很多相同的志趣。那时我们都很年轻，青春韶华，挥洒浪漫，我们常常相约去踏青，去看山花，去山野放逐心情，去海边寻觅一份淡雅、一份清静、一份辽阔。

那几日，杏花开得正盛，我因为班级里的一些事情忙得早就忘了外面多彩的世界。

静却没有忘记。

一天下午，她悄悄走近我说："姐，学校后山的杏花开了好几天了，我们再不去看就赶不上最美的时候了。"经静这一提醒，我忽然也意识到，是呀，春色已深，该是我们去疯一把的时候了。于是，带着一份喜悦的心情，那天午后我们便向学校的后山进发了。

走着走着，微风中忽然掠过一丝凉意，抬头看看天空，头顶的云层正一层层加厚，不一会，浓云密布，淅淅沥沥地下起小雨来。

雨丝，轻轻柔柔，缥缥缈缈，撩拨着我的思绪。我们没撑伞，一任那清凉柔软的细雨沐浴，整个的山，整个的杏林，都笼罩在细雨中。

烟雨潇潇，花开嫣然。本就娇媚的杏花，在雨中看来更觉不同凡响。我感念它的唯美，也深深地为眼前的景色所牵引，那多情缠绵的雨啊，点点滴滴落入花间，落入心底。那娇媚馥郁的花啊，她的花蕊为谁深藏着蜜意？她的花香向谁诉说着芳心？

我和静都沉浸在那美的情境中，用心灵去读自然的诗，感受着那生命的律动。

本想去看杏花儿，却赶上了一场花雨，一场在梦的彼岸夜夜叩击我灵魂的花雨。雨，淋湿了杏花，淋湿了衣襟，也淋湿了两颗柔柔的心。当我瞥见那一树的繁华，当我迷醉于满枝的璀璨，我确信那是上天的一种眷顾，为我们设置了如此华美的盛遇。

人说，心中有风景的人，才能遇到更美的风景。轻轻的风，细细的雨，灿灿的花儿，绵绵的思绪……这便是我心中的风景吧？

聆听雨的足音，放眼雨的多姿，品味雨的清灵，这便是我要寻觅的生命中的一种际遇吧？一旦遇见，便让它静静流淌进生命和内心，成为生命里的风景。这杏花雨就是流淌在我生命中的美丽盛景。

很感谢静，如果没有她的邀约，我们岂不错过了这美丽的花期，辜负了这场花雨？我们又岂能走入这样的禅境？

年轻的心总是向着太阳、向着春天、向着梦想盛放，我们的心就在这样的盛放中彼此映照、相融相惜。徜徉于满园的春色里，徜徉于我们心灵的绵绵细雨中，我沉睡的感觉像忽然被唤醒。

雨打杏花是一种浸润，静与我情意相合是一种浸润，那我与孩子们呢？我们相互感染、相互带动、一起成长，这不同样是一种浸润吗？我忽然醒悟，这沉静、和谐、美好的境界，本就在我的生活里，在我的心里，这是杏花雨的境界，是天地之境界，是教育之境界，更是我和静心中一直守望的境界。

静去广州工作后，我们一直也没有见过几次面，书信也不多，但彼此始终都坚守心里的那份情意。

我们最长的一次谈话是在一次暑假，她从广州回来探亲，向我诉说她在广州的新生活，讲她与孩子们在一起的有趣故事。她说那些孩子们都喊她静姐姐，有几个男孩子还帮她制定找男朋友的标准……她说话的时候，

总是边说边咯咯咯地笑个不停，那份率真与爽朗，与几年前我们在一起的时候一般无二。

我深深地为静感到幸福，她终于从生活的折磨和痛苦中走了出来，活出了自我。

是的，被爱浇灌的心田，总会开出圣洁的花朵，静与她的孩子们彼此浇灌着，盛开着。

时光总是那么急着流转，又是这样的一个五月，我又偶遇了一场花雨，沉醉于这美丽的情境中，听风的“吟哦”、雨的“倾诉”、花的细语，我的心如一片海。

曾经很多次我在心里预设和静再次一起看杏花的情景，也曾多少次痴迷于梦境的温馨，最后才发现这样的美不仅交融在我的记忆里，而且已经和我的心灵同在。

杏花雨暮江雪，我抱影无眠，暗想从前。
等你在断桥边，看晓风残月，伤离别。
我随相思落叶，在深深庭院，寂寞寻遍。
你遗失的书简，还留存一篇，见字如面。

静默遥想间，耳边响起慕容晓晓的那首《杏花雨》，和着那优美的旋律，我在心里默默为静祝福：岁月静候，你也安好！

雨还在下，如水质的音乐……

这杏花的雨，这雨中杏花儿，如此缠绵至纯的情韵着实让人欢喜……

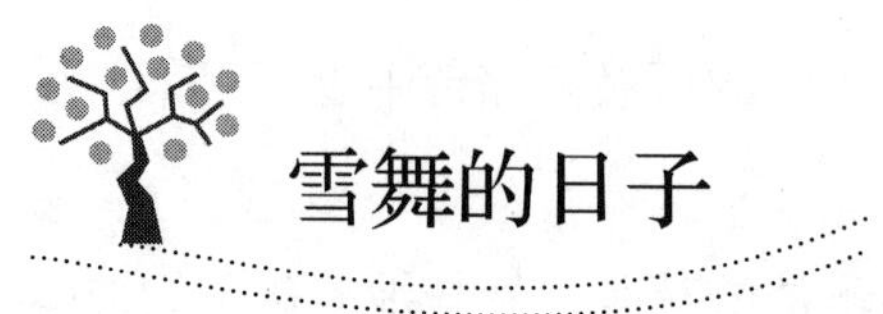

雪舞的日子

雪，是湿润润的精灵。我守候着所有冬季，等待你轻盈而来的脚步……

一直以来，总深深迷恋那些有雪的日子，迷恋那童话般神奇、缥缈、空灵、迷离的银色世界。也许是生命里存储了太多的尘埃与惆怅，抑或牵绊了太多的恋雪情结，需要冰雪的融化与承载吧，总之对雪的痴迷已成为我生命里一种定格的情致和感伤。随着岁月的悠长，对雪的情思愈加切入我生命的深处，融入我的血脉。

这是 2007 年的第一场雪。春节刚过，到处弥漫着节日的气息，刚刚兴建的赤峰新城，淡去了城市的喧嚣与浮躁。漫天飞舞的雪花，轻盈、飘逸，洋洋洒洒，飘落在黑亮亮的柏油路上，飘落在那些崭新的建筑物上，用诗的韵律、心的赤诚，将对世间的爱恋扑入大地的胸膛，来完成自己灵魂的飞升。

踏雪而行，每一片雪花飘过，都舞起我无尽的情思。忽而记起宋代诗人卢梅坡的诗："有梅无雪不精神，有雪无诗俗了人。日暮诗成天又雪，与梅并作十分春。"雪之情，弥散心头，承载了我的爱恋，承载了我的感伤，承载了我的深情……

那是怎样的一场雪啊，在我的生命中，淋湿了凄清的冬季。

我把轻柔的雪花纳入我如火的情怀，洒落点点滴滴的祝福，寄向远方。只为远方的微笑，能依着雪花飞扬的旋律次第开放……

雪还在下，我真想这样不停地走下去。

白雪覆盖下的新城更清了，更静了，隐约只听到轻轻柔柔的落雪声，还有踏雪人跳跃的舞步。这两种美妙的声音天然合一，编织成一曲悠长的生命恋歌。

我的心颤动起来，这不正是我多年来一直寻找的生命的感觉吗？我还有什么理由去沉沦？还有什么理由去怨天尤人？

我痴爱雪花的生命，是它让我灰暗的生活发出了鲜明的光泽。那飞舞的精灵，带领我走向朝圣的地方。在片片雪花中，我寻找生活的简单和清澈，失意的生命因为雪花的快乐而忘记忧苦。我大声倾诉，听到一个声音从天边而来。

披一身雪絮走过冬天的人，才算真正拥有了生活。雪儿飘飘，我感受着这辽阔、壮丽、神秘的大美，内心变得更加宽广、坚毅和柔软。

我知道，这是大自然给我的馈赠。

读你千遍也不厌倦

草原的草美，草原的花美，草原的歌美，草原的人更美。多年后，我知道了：美，能够滋养美；美，能够繁衍美。

从小便生活在草原的怀抱，对草原早已生发了一种特别的情愫。一次次地走近她，一次次地品味她，一次次地让自己陶醉在那绚丽的风光里、迷人的歌声里、感人的文化氛围里。一次次被熏染，被点燃，被迷醉……心也变得壮阔了、豁亮了，清澈了，深邃了，温暖了……那，是草原给我的吧。

无限风光，无限天

敕勒川，阴山下，
天似穹庐，笼盖四野。
天苍苍，野茫茫，
风吹草低见牛羊。

每一个读过这首诗的人，都会被草原那壮阔的景象所震撼。一望无垠、青翠欲滴的茫茫草原，无边无际的天宇，混着青草味的花香，还有那肥壮的牛羊……

这就是草原最原始、最壮美的图景，也是最令人沉醉的图景。

然而，当你真正置身草原深处，你会深深体会到，草原的美哪里是一首诗可以写尽的。我虽然不是第一次去看草原，但那一次的我却真正醉倒在草原。

那是与广州天河区教育创新团队的一次草原之旅，地点就是离我们最近的克什克腾旗的贡格尔草原。

当汽车载着我们一行 5 人驶过蜿蜒的盘山公路，我们的视野已完全被绵延不尽的绿色挤满，如茵的草地、高大的森林、低矮的灌木，装点出一个苍茫无边的绿色世界。

天很蓝很蓝，像被大青山的雪水洗过，连天接地的云，堆砌翻卷，那云朵又大又白，每一种姿态都那么有质感。

在一个水草丰美的牧场边，我们下了车，在青草更深处驻足，扑面而来的除了草原那轻柔的风，还有浓浓的青草味儿和浓郁的花儿香。放眼望去，绿草间开满了各色的野花，每一朵都带着喜悦，在绿草间随风摇曳。原来，这里还是一个花儿的世界。

站在草原的深处，极目远眺，只见草天相连，浩渺无边，那湛蓝色的天空好像离我们很远很远，又好像离我们很近很近，特别是那一片一片气象万千的白色云彩，似乎触手可及，那景象真是美妙极了！

触摸着草原华美的肌肤，吮吸着草原醇香的甘露，我心潮起伏；感应着草原跳动的脉搏，品味着草原深厚的意蕴，我热血奔涌。此时，我似乎感觉自己整个人都和草原和这片土地融合在一起，又似乎感觉自己就是草原的一分子，与草原同呼吸、共欢笑。

有人说，心亡为忙。在这里静下来，不为生活或工作而奔碌，我们又能找到自己的本心了。

人从大自然中来，看来还是得多亲近一下大自然啊！只有在那里，我们才会真正放松下来，身心得以安栖。此时，所有的烦恼都被抛之脑后，也方知一切世俗功利是那么渺小，包括“文章千古事”和千秋的名声。

是的，在贡格尔草原400多年的沧海桑田、历史钩沉中，我们是再渺小不过的沧海一粟。我想，多少年来，来自五湖四海的人不远万里奔赴草原，或许正是为寻一份甘醇、一份清爽、一份纯净吧。

汽车沿着公路继续往前走，走着走着，一群肥胖的牛儿从青草处映现出来，正是那幅“天苍苍，野茫茫，风吹草低见牛羊”的美丽图景。坐在车子最前排的几个创新团队的朋友，几乎是异口同声地喊出来，牛！

车子就在离牛群不远的地方停下来，张伟春主任第一个跳下车，他几乎是狂奔着到了牛的跟前，那牛们也不躲开，依旧悠然地吃着草，伟春主任兴奋地欢呼着。忽然，他双脚离地，奋力地跳跃起来，他跳得很高很高。在美丽的贡格尔草原，他留下了一个永远飞翔的姿态。

那次从草原回来，我很想给自己留一些能够承载记忆的文字，可是翻看草原之行的照片，当时那些美丽的画面激发的感触或者情愫，始终无法找到更好的表达。是的，草原太博大，我浅薄的见识怎能阅尽她千古风韵？我贫乏的文字又怎能写尽她万般风姿？

但有感觉总归是好的，我用心去贴近她，用心灵去读她，读着读着就读到了生命的深处。

歌太美，情太深

草原的风光美，草原的歌曲更美，我是听着草原的歌曲长大的，我近乎熟悉草原的每一首歌曲。那一首首或欢乐或悠扬或沉郁的歌曲，一次次地穿越我心灵的原野，流淌在我的生命里。

那是我品味草原的另一种方式，我把对草原的深情寄托在那里，也把一份执着的爱寄托在那里。

喜欢《父亲的草原母亲的河》，这首由两岸三杰席慕蓉、德德玛、乌兰托嘎共同完成的思乡心曲，这首歌曾一度让我陷入对草原、对草原儿女、对草原歌曲深深的迷恋之中。

那是怎样一个柔情百转、荡气回肠的场景啊！

银屏上：一个目光深邃的中年女子，面对古老的土地，虔诚下跪，她捧起一抔热土揣在胸前，扑伏在如毯的草原上，像孩子一样折断了一片草叶捧在手心，用心地嗅着——情动于衷，泪落如雨……

这情景就是经历了40多年渴盼寻根的漫长历史穿越的著名诗人席慕蓉终于回到故土的感人场面。

银屏外：一个大病未愈、行动还不太灵便的另一个中年女子，久久注视那银屏中那慑人灵魂的场景，激情澎湃，泪如泉涌……这情景就是当时正在家里养病的著名歌唱家德德玛，被真情点燃、万分激动的场面。

不一样的情景，表达的却是同样的感情，这真挚的情感，也感染了著名作曲家乌兰托嘎那颗温暖的心。于是，三位草原优秀的女儿，穿越时空的心灵碰撞，让《父亲的草原母亲的河》孕育而生。

父亲曾形容草原的清香
让他在天涯海角也不能相忘
母亲总爱描摹那大河浩荡
奔流在蒙古高原我遥远的家乡
如今终于见到辽阔大地
站在芬芳的草原上我泪落如雨
河水在传唱着祖先的祝福

保佑漂泊的孩子找到回家的路……

或许真如人们所说，喜欢一首歌有时是因为喜欢歌曲中的一句歌词，而我，不但喜欢那些歌词，更喜欢歌曲背后的那个动人的故事和那故事中寄寓的无限真情。

对《父亲的草原母亲的河》，我却是被那感人肺腑的故事和真情所震撼所打动。“它的词缔结着席慕蓉一家两代半个多世纪寻根的梦，它的曲萦绕着亿万中华民族子孙心灵的共鸣。”

每一次，当我听到这首歌，每一次，当我轻轻唱起这首歌，我都会禁不住潸然泪下，因为，歌已走进我的心里，因为，我也是草原的儿女。

《鸿雁》《天堂》《诺恩吉雅》《苍天般的阿拉善》等，也是我十分喜欢的草原歌曲。

“鸿雁 / 天空上 / 对对排成行 / 江水长 / 秋草黄 / 草原上琴声忧伤……”我曾无数次地沉浸在呼斯楞苍凉、悲壮、如泣如诉的歌声中。“蓝蓝的天空 / 清清的湖水 / 绿绿的草原 / 这是我的家 哎耶 / 我爱你 / 我的家 / 我的家 / 我的天堂……”我也曾无数次地沉浸在腾格尔那深邃、悠远、如歌如狂的情韵中。“美丽善良的姑娘诺恩吉雅”，“苍天般的阿拉善”，那动人魂魄的是词、是曲、更是情。

何止是《父亲的草原母亲的河》，何止是《鸿雁》，又何止是《天堂》，草原的每一首歌曲，都是一首诗，一幅画，一个美丽动人的故事。

因为那里辉映着草原儿女的精神气质，承载着悠久厚重的草原文化。哼一首草原牧歌，喝一樽草原奶酒，吃一块草原羊肉，都会有无穷的韵味、无穷的情感在其中……

草原儿女，为草原哭，为草原笑，为草原讴歌。

因为，草原已经和他们的生命紧紧连在了一起。

马背上的民族——永恒之火

一次次的草原之行，我不仅被草原无限的风光和优美的歌声所陶醉，更被一个民族伟大的精神气韵和厚重的文化风貌所震撼。

蒙古族的“蒙古”二字，意为“永恒之火”。

蒙古族是一个历史悠久富于传奇色彩的民族。千百年来，在南起长城、北抵大漠、东达兴安岭、西越贺兰山的苍茫大地上，过着“逐水草而迁徙”的游牧生活。

据说，游牧，其实就是他们对草原的保护。蒙古族先民们，把自己当成是自然界里的一分子，他们从不狂妄自大，从不会过度地向自然索取，他们以草原为伴，又以草原为生。

在鄂尔多斯文化博物馆，我曾领略过蒙古族历史文化的辉煌。走进那片蒙古族文化圣地，我除了震撼还是震撼。我见到了吐鲁番，罗布泊，阿姆河，塔尔巴哈台山，兴都库什山等等。

蒙古民族，还是世界上最早驯服烈马、骑乘烈马的民族。在鄂尔多斯文化博物馆，我还看到了无数驯马图和那些真实的与马有关系的器具：马鞍、马镫、套马杆等。

蒙古民族，在马背上驰骋世界，也将马文化传向世界。

蒙古族还有很多优秀的民俗文化，酒文化、歌文化、孝文化、婚文化、献哈达、祭敖包、那达慕等，都蕴含独有的精神内涵。

文化是民族之根、民族之魂。文化，让一个民族成为一种神奇。

一方水土养一方人。大草原滋养了草原人民的淳朴、善良与豪情。

我终有所悟：原来，那些花，那些草，那份开阔、辽远与苍茫，与草原人民是有关联的。

美丽的白桦林，你是在等我吗？

“如果有来生，要做一棵树，站成永恒，没有悲欢的姿势。一半在尘土里安详，一半在风里飞扬。”

第二次去看白桦林，是在一个很美很美的秋天。

我这个人出游有一个特点，已经去过的地方，一般不去第二次。这次是个例外。

或许，是因为与白桦林有着特殊的情缘吧。这个秋天，冥冥之中像有什么东西在牵引着，我心里一直有个念头，一定要再去看看那片白桦林。

国庆节约了朋友，早晨八点便驾车出发了。

北国的十月，秋色正浓，一路上视野里满是一片一片的金黄，也许是因为心情的缘故吧，感觉没多久黄岗梁林海已在眼前了。

放眼望去，茫茫林海着一袭华美的秋装，在蓝天的映衬下显得更加大气磅礴、雄姿勃发。我一眼便发现了那片白桦林，它依然是那么美丽，那么与众不同。我们找了一个能够停车的地方把车停下来，然后穿过一片一片的丛林，直奔那片白桦林而去。

近了，一棵棵白桦树高大挺直，它高挑的躯干依然是那么秀美挺拔，它的树干比春天的时候更加洁白光亮、光彩照人。

我用手轻轻抚摸着它那带有质感的树干，它好坚实啊！难怪不管有多少风霜雨雪的侵袭，它都能够挺直站立着，守望着这片天地。

这就是我的白桦树，这就是白桦树的卓尔不群。

顺着白桦树挺拔的枝干向上望去，我看到了迎风摇曳的叶子，金灿灿的，像是把阳光都融了进去，绽放在枝头，如旌旗招展。一阵微风拂过，树叶被吹得哗哗作响，那声音好熟悉，我听得懂，那是白桦林深情的呼唤，我听得懂它那温暖的细语，多少次在梦里，它就是这样敲击着我同样等待的心灵。

我激动不已，美丽的白桦林，你是在等我吗？你的等待，你的坚守，换来了人间十月无边的秋色；你的等待，你的召唤，使焦渴的心得到安顿，使狂躁的世界变得安静。

我沉醉在与白桦林的对白中，忽然听到前边有人喊："走了，走了，别抒情了，前面还有好景呢！"于是，我也加快了脚步，随着前面的人继续往前走。

翻过一道山梁，我们到了山的背面。呵！山的这边与山的那边竟然是如此不同。丛林中、草地上、大树小树的树丫树叶上，都披盖着一层薄雪，那雪在阳光下闪着晶莹的光，映着整个山林发出绚丽的光彩，像是给这个金色的山林又穿上一件白色的纱衣。树下，草地上，有些地方的雪很厚很厚，踩上去软绵绵的。踏雪而行，忽遇几处低矮的树丛掩映着厚厚的白雪，洁白的雪与金色的枝叶相互映衬，煞是好看。

这应该是世间最美的盛开吧！然而，我却不知如何去描摹！美丽的白桦林，这又是你的一个等待吧？等待我与雪的奇遇，等待我来收集这片雪的芬芳，等待我在雪花绽放的枝头，采撷一片洁白的祝福，寄给蓝天，寄给白云，寄给远方。

真正的独一无二，在看不见的地方。

我知道，多少年来，白桦林的美一直静守在这里，静守在这秋色无边的十月里，静守在这片远离尘世的天地间。我已感受到了它那等待的热情，感受到了它热情的相拥，我被这种热情包裹着，感到无比的幸福。

我已经深深地爱上了这片白桦林。

从那片白桦林出来，已是正午，太阳暖暖地照在我们身上，美好而温馨。正当我们准备去吃午饭的时候，一道靓丽的风景又映入我们的眼帘——一个身披白色婚纱的女孩和一个身穿礼服、个子高高的小伙子，双双依偎在白桦林前，看样子是在拍婚纱照。

碧蓝如洗的天空，金光闪闪的白桦林，一对热情相拥的恋人……好迷人的一道风景！我们几个都有些痴了，茫茫林海何时降临了这样两位天使？我们的脚步都不由自主地停下来，远远地，惊奇地望着那个美丽的场景。

由于距离远，我看不清那女孩儿的脸，但我能想象得出，那女孩儿满脸沉醉幸福的样子和小伙子满心欢喜的表情。

爱是美丽的，无论何时何地，哪里有爱，哪里就会有温暖和靓丽的风景。看着眼前这幅情景，我不由想起了一个故事。

静静的村庄，天空正飘着雪，鸽子在飞翔，两个相爱的年轻人携手来到美丽的白桦林，他们在银白色的树皮上刻下了自己的名字，也刻下了厮守终身的诺言。

可是有一天，战火蔓延到他的家乡，小伙子拿起枪奔赴边疆，在临行之前，他向心爱的姑娘辞行：心上人啊，别为我担心，等着我回来，在那白桦林。

以后的日子，姑娘常常走进那片白桦林，她把思念和爱留在那里……可是，有一天，忽然传来噩耗，姑娘听说心上人已经战死沙场，她默默来到那片白桦林，抱着那棵刻着一对恋人名字的白桦树，泪如泉涌……

一天又一天，一年又一年，白桦林成了姑娘的精神寄托。一天又一天，一年又一年，美丽的姑娘渐渐衰老，她再也不能来白桦林了。这时候，她听见有个声音在她耳边说：来吧，亲爱的，来这片白桦林。她的脸上露出灿烂的笑容，只听见她喃喃地说："我来了，等着我在那片白桦林"，然后，她安详地闭上了眼睛。

我沉浸在对这个凄美故事的回忆中，不知不觉，泪水已打湿了衣襟。两个对爱情忠贞不渝的灵魂终于在白桦林上空重逢。年轻的生命、美丽的爱情尽管没有墓碑来证明，但有白桦林为证，因为他们已经与白桦树融成一体，那刻在树上的两个名字再也无法抹去。

是呀，真正的爱永远不会随着时光流逝而消失。我这样想着，回头再看看那一对新人，他们还在那里拍照。我无法猜测这对年轻人为何要选择白桦林做他们的拍摄背景，我也无法将这两对年轻人的故事联系在一起。但我相信，他们都是因为爱而紧紧相偎，是爱创造了人间至美，因为有爱才有了人间真情。

离开白桦林的时候，已是下午两点，眼看着那片林海渐渐消失在我的视线，我的心真有些依依难舍。

我感念白桦林的坚强不屈，更感念它默默坚守的精神。

它用特有的真情，为世间演绎着绚丽的人生；它用一生的静默和生命的礼赞，来应和这片天地间日复一日的日出日落。它用那永恒的风姿，守望着这片天，守望着这片地，守望着我们之间的约定。

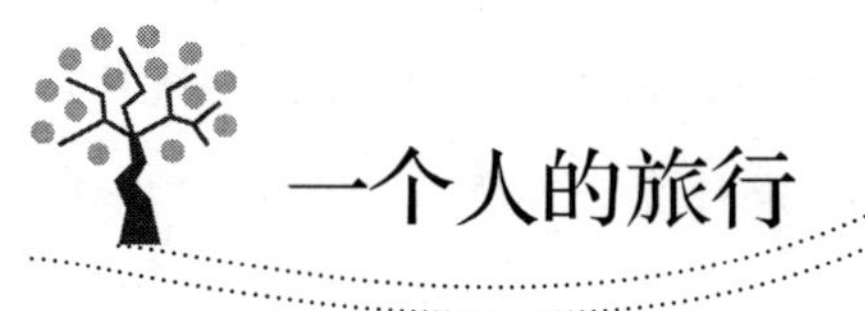

一个人的旅行

很多时候，我们需要给自己一个自由安静的空间，回到自己，倾听自己；很多时候，我们还需要把目光放远一点，目光远了，看得就远了，眼界、心界自然开阔起来。

初春，在颐和园，一个人，一架相机，一份安适的心情……

沿昆明湖岸慢慢走，细细看，静静地品味……春潮，漾动在碧绿的湖水中，也漾动在安谧的心湖里。

堤岸上，随处可见盛开的桃花。不知是昆明湖映照了桃花之美，还是桃花点染了昆明湖之美。那花儿，清丽温婉，超凡脱俗。那湖，轻灵飘逸，波光粼粼……

此时的京城，到处是盛开的桃花，而在我的眼里，这里的桃花却是如此与众不同。

是因，这里是颐和园？是因，这里是昆明湖？

或许，真的有那么一点吧。

杨柳拂堤，轻姿曼舞，水映桃花，脉脉含情。春风，吹皱一池春水……那妩媚的景色倒映在湖水中，俨然一幅流动的画卷，铺展在你的眼前。

我似乎感觉，这里蕴含一份禅意，让你的心也沉静——

昆明湖西堤，是仿杭州西湖苏堤而建造的。走西堤，穿过玉带桥、镜桥……不知不觉间，已来到了景明楼。在景明楼中间最大的楼阁前的围椅上，我坐了下来。

这里的景色更是别有洞天，深邃、沉静、幽远……极目远眺，万寿山、昆明湖、南湖岛和十七孔桥尽收眼底。

山连水，水连岛，湖光山色，交相辉映……

眼前的世界好大啊！

记得一位大师曾这样教导他的孩子：看一样东西，要学会把目光放远了去看，这样，你不仅能看到事物的全貌，还能看到事物以外的更远的东西。

我当时并不以为然，什么远呀、近的，太复杂了！但此时，就在这个春天，在颐和园，在昆明湖畔，我鲜明地感受到了他话中蕴含的理趣——就这么一抬眼，你不仅能看见眼前的桃花、湖水，还会看见远处的山、山上的树、树上面的天空，甚至更远的远方。

的确，有的时候，我们真应该把目光放远一点。目光远了，看得就远，世界、境界、心界自然会宽广起来。

第一次这么认真、细致、沉静地欣赏一幅画面，思考一幅画面，忽然发现：光阴中的每一步都是一种修行，不自知间，早已自渡。

自然界中，蕴藏无穷的智慧和力量，需要我们去体悟和开掘。

穿过景明楼，在十七孔桥边停了下来。我看见两个小姑娘，正在岸边的一片花树下拍照，我轻轻走过去，看到那个站在花丛中的小姑娘正摆好了姿势，等待她的小伙伴按下按钮。那姿势好美，让我好生羡慕，她的眼里写满昆明湖的妩媚和柔美，她灿烂的笑容像一朵盛开的鲜花儿，让周围的花儿也黯然失色。再看看那个举着相机的姑娘，她那带着花香的目光，紧紧盯着前面的伙伴。我相信，她们此时都沉醉在这美丽的春色里，根本没发现我的存在。

这情景，让我想起了二十多年前，我第一次来北京，第一次来颐和园，我被这里的景色深深迷住，多想在每一处美景都留下自己的身影，但自己又没有相机，于是便花了二十块钱，选十七孔桥做背景，让园中的摄影师傅为我留下了唯一的一张美照。取出照片，喜欢得连走路时都要不时地拿出来看……

时光匆匆，而今，自己已近知天命的年龄，岁月除了在我的脸上留下了几道皱纹，还为我留下更多对生活的思考。

我感觉，岁月虽然带走了我们青春的年华，但我们的心还不能老去，还应该保持着一颗年轻的心，这样我们才会活得更坦然，更舒展，更自由，更优雅，更像我们自己。

这样想着，我的心又涨满春潮。继续慢慢地走，慢慢地想，十七孔桥已近在眼前了。长虹卧波、气势恢宏，还是二十多年前的十七孔桥，还是记忆中的十七孔桥。我拦下路边的一个小伙子，请他帮我用我的相机拍了照片，这回，十七孔桥连同这里的一切都被装在行囊里了。

一个人的旅行，真好，想在哪里发呆就在哪里发呆，想向谁倾诉，就向谁倾诉。

一个人，独自行走在光阴的寂静里，心会更容易沉入，也更容易发现自己内在的意欲所在。回到自己，倾听自己，在此，我们会找到自己的真性情，找到那个纯然与真挚的自我。

就如我此行，一个人，淡淡地行走，淡淡地与时光相拥。将心门打开，将心情放逐，不去在意纷扰，不去忧虑明日，素心如简，将自己融入无边的春色里……

想来，我此行或许就是为了寻一份精神的自由而来。就如徐志摩的《云游》："那天你翩翩在空际云游，自在、轻盈，你本不想停留，在天的那方或地的那角，你的愉快是无拦阻的逍遥……"

自由于我，就是放慢脚步，放下得失，放松自己，淡泊宁静，删繁就简，自由而至。

带着这样的自由继续走，继续想——

忽闻一曲禅音，如清泉般缓缓流入内心，清凉、澄明、宁静……是到了佛香阁了，情不自禁地放慢脚步，细细品味这天籁之音，心也慢慢归于平静。

静下来更好，更能让美好的感受沉淀于心。

想来，自由也好，平静也好，重要的是要保持一份充实，在凌乱、匆忙的节拍里找回一份笃定和从容。

所以，我们要坚持以自己的方式守住自我。一段旅程、一行诗句、一个影像、一缕情丝、一点禅意……都可以变作我们行路时的依托，然后进入其中，萃取最珍贵美好的部分，抵达自我。

一个人的旅行飘洒如云，想往哪里走就往哪里走，想在哪里停留就在哪里停留。

把最美的爱、最真心的祝福留给自己，留给这清澈的昆明湖，我已是心意满满。

走过苏州街，还有文昌阁、谐趣园、排云殿……我虽不能一一到达，那景却已全在我心了。

出了颐和园，在附近找了一个小店，给自己留有足够的时间去吃饭，等车。于是，一个小菜，一碗阳春面，一杯清茶，就全都融入我此行的趣味中。

慢慢地吃，慢慢地咀嚼，忽然喜欢上了这轻悠的感觉。其实有些时候，我们真应该多给自己留出更多轻悠的时空，归去来兮，不问花开几许。轻轻地走，轻轻地来，轻轻地挥一挥衣袖……

如此，甚好！

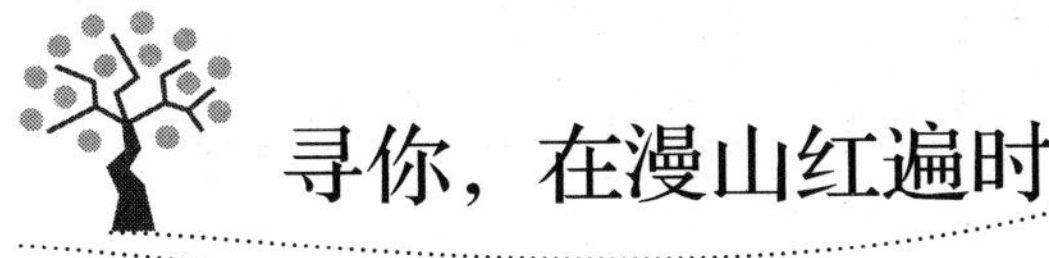

寻你，在漫山红遍时

金秋十月，家乡的一切都浸染在浓浓的秋色里。

城里城外，漫山遍野，一片金黄。特别是那遍野的红叶，好像蕴蓄了这个秋天太多的情韵，总在不经意间撩拨着你翩然的心绪，在每一个驻足回眸的瞬间，在每一次安静凝望的时刻，一步步走近你，点燃你浑然不知的柔情和诗意。

“秋复秋兮红叶在，片片红叶惹相思”。秋天的早晨，我整好装束，走出小区，朝着有红叶的地方一直走，第一站，便到了家乡的北山。

说是山，不如叫旷野，它没有高耸的山峰，没有峻石，只有被秋色染透的旷野，却也不失一种经典之美。

踏歌而行，我走近最红的那一片，静静地凝望，那红叶似解我的心意，顾盼生姿，摇曳多情。心仿佛被那橙红的色彩点燃，有些惬意，有些微醺。

它太热烈，我不知道用什么来表达，脑中一闪而过《满庭芳·枫叶流丹》中的词句：“丹枫如霞，霜色正艳。风吹尽寒流丹。层林尽染，枫映黄灿间。淡淡忧郁谁晓？无凄怨，落叶独怜。枫亦浓，叠翠流金，秋色意阑珊。犹酣。”

这首诗虽不是出自什么名人之手，却也写尽了秋日红叶之娇艳和人们面对它所引发的浓浓情思。

红叶，它为什么那么红呢？置身在这茫茫旷野，面对这色如丹霞的红叶，人们不禁要这样发问。

宋代诗人杨万里在《红叶》诗中写道：“小枫一夜偷天酒，却倩孤松掩醉容。”在杨万里眼中，枫叶是偷喝了“天酒”而被染红的。这当然是个美丽的传说。在现实世界中，随着季节更替，气温、日照相应增减，叶片中的主要色素成分也发生变化。到了秋天，气温降低，光照减弱，对花青素的形成有利，而枫树等红叶树种的叶片细胞液呈酸性显红色，所以，整个叶片便呈现红颜色。如此说来，是秋天的气象条件染红了它，秋霜、秋雨、秋风、秋寒都是红叶的生命元素，为它染上了秋韵。难怪它那么明艳，那么耐人寻味。

红叶是一种精神象征，人们常用它来象征坚毅。枫叶，还象征着对往事的回忆、人生的沉淀、对昔日的伊人的眷恋。传说，在枫叶落下之前就接住它的人会得到幸运，而能亲眼看见红叶成千成百落下的人可以许下一个心愿，在将来的某一天就会悄悄实现。我被这些美丽的传说感动着呢。

于是，从这片林到那片林，从这片叶到那片叶，我行走在飞叶流丹的山间。我不停地走，不停地找，时光拖着长长的影子，无声无息地陪伴着我。“点燃，无畏得失，只为那燃烧的旅程！”风吹叶动，我感到整个山林都像在为我喝彩，为我燃烧！

继续走，继续找，在这落花飘飞红叶摇曳的季节，在这无边的旷野，在铺满红叶的小路……

忽然，我的眼前一亮，红叶掩映、秋色环绕的路边，一道靓丽的风景，悄然跃入我的眼帘。我的心忽然感到一阵欣喜和悸动：

密林中我终于觑见了你，
触手可及，
却只能，
默然相对。

仓央嘉措这首震颤灵魂的绝美情诗，终于被我找到了可以抒发的节点。

是我的红叶，是我迷失在远方的、带着露珠的红叶。轻轻走近它，深深凝望它，红叶，我来了！迎接我吧，拥抱我吧，融化我吧！还记得我为你写的诗吗？“我是一缕清风，今生注定为你漂泊，不管你有怎样飞翔的姿势……”

我不知道，它是否还能听懂我的心语，但我必须去凝视、去呼唤，因为凝望就是幸福，就是欣喜。

红叶，你是我的诗，是我的歌，是我最深沉的思念。此时，我只想寂静在这一隅，依着时光，伴着秋风，享受着这一刻的安然，静听你为我诉说岁月的缠绵，然后把你握在手心，共赴我们的心灵之约。

也许，我的红叶听懂了我的心语，它在风里摇动着，像是在向我轻轻摆手。

此时已是深秋，秋天一过，那片红叶就会随风飘零。

于是，我把它轻轻收藏在心底。我知道：天地间的颜色，总会轻易被抹掉，因为它挡不住季节的轮回，而一份真情，却总能够穿越千山万水，因为那是灵魂的交融。

“我放逐自己的心情和眼睛一起游荡，忽而欢呼雀跃，忽而沉思默想。我的心，如这满山红叶，触手可及，即使落了一地，每一个叶片上都飘溢着你芬芳的气息……”

这是多么美的一个秋天呀，我在旷野里放歌，握一把岁月的明艳，遥望着丰盛美丽的秋色、寂寥无云的天空，书写我心中爱的诗章。

我深深地感到：与自然对话，其实，是另一种形式的自我发现。我之所以一次次地投入大自然的怀抱，除了想获取一份惬意、一份美意，还想看见更真实的自己。就如那片片红叶，我最喜欢的是它独有的韵致、风骨：浸染秋霜，方才红遍山野。

千江有水千江月

秋水已逝，岁月留痕，长江的文化与精神印迹，隐藏在渔船隆隆远去的烟雾里，也掩藏在滚滚的浪涛里。于此，我们看到的是长江三峡的神性和大美。

四日的长江之旅，第三日晚抵达秭归县九畹溪。已近子时，九畹溪的夜色真美，银色的月光洒落在江面上，使整个江湾显得十分清雅。

静静地凝望落在波浪上的月光，蓦然发现，这种月光纯粹得罕见，它与这神性的长江之水交互辉映，使这里的一切具有了丰富和华贵的意味。

夜宿江船，所有有关长江三峡的图景、诗行、故事、感知与遐想，都与这融着月色的思维融为一体。此时的长江三峡，在我的心中已成为一幅画、一部意蕴深厚的文化典籍。

一幅绝美的山水画卷

从重庆抵达九畹溪，一路穿越三个大峡谷，轻舟泊行于小三峡、三峡人家。山不断，水不断，歌不断，情更是不断。七百里三峡，碧水连天，烟波浩渺，惊涛裂岸，百折不回，堪称神州山水中的瑰宝。

雄奇壮观的瞿塘峡，如诗如画的巫峡，险峻高洁的西陵峡，都以其风格各异的气势和景色给我们留下深刻的印象。导游介绍瞿塘峡全长虽然只有 8 公里，但却有“西控巴渝收万壑，东连荆楚压群山”的雄伟气势。在瞿塘峡，我们的确看到了它那大气磅礴的雄伟之势。游船刚刚进入峡中，但见两岸险峰上悬下削，如斧劈刀削而成。山似拔地来，峰若刺天去。更让人感到惊叹的是：在三峡西端入口处夔门段，江水湍急，两岸高峡耸立达几百米，河宽却不足百米，它两岸若门，呈欲合未合之状，堪称天下雄关，难怪古人咏瞿塘，说它是“锁全川之水，扼巴蜀咽喉”。

游船驶进西陵峡，一片明媚清丽的景色又映入视野，青绿的江水轻缓地流淌，峡江里常年不歇的云雾熏风，时收时嶂，而那些山外青山更是逶迤在迷雾之外。长江在这里拐弯形成一个美丽的丫形峡口，轻舟掠过，绝世风华。

从三峡到小三峡，再到小小三峡，我们从大游船换成小游船，又从小游船换成小木舟。泛舟于幽静、秀丽、充满诗情画意的小小峡谷之中，听渔歌互答，看岩壁上的千年悬棺，你会感到，这里的一切都是个梦，都是个谜。

在钟灵毓秀、风光如画的三峡人家，我们领略了别有洞天的另一番境界。那里的水是蓝绿色的，清幽中泛着一种灵光，美得深沉，美得醉人。

竹林与苇草从水里伸出来，从山谷里伸出来，青翠欲滴，让整个天地充满了无限的生机。

沿溪边走着，忽闻不远处传来一阵悠悠琴声，循声望去，但见茂密的竹林深处，一长发飘飘的紫衫女子正抚琴而奏，优雅的琴声伴着汩汩水声，回荡在山谷，萦绕在心头。

在溪边我还见到了头戴斗笠、一身素衣、静坐水边的洗衣女，那悠然的姿态让你感到一种纯朴、古典的美，这是三峡人家原汁原味的风土人情。

伴随着一阵清丽温婉的歌声，我还看到了另一幅画面，溪中悠然行驶的帆船上，轻盈地站立着一个红衣女郎，手撑一把花伞，在尽情放歌。几句简单的吟唱，打开了我的心扉，让我翘首遥望。人们随声而歌，为长江的壮美和恩赐而讴歌。

一部卷帙浩繁的史书

静读三峡人家，恍若又一次置身风景如画的世外桃源。它让你沉醉，让你有一种超凡脱俗之感。这里，有洪荒之美；这里，有苍凉之美；这里，有阴柔之美；这里，更有雄浑之美。

在这里风景与历史相映，我深切感受到：长江三峡就如一部卷帙浩繁的史书，凝结着历史的烟云，记载着岁月的沧桑，这里的每一片水域都蕴含民族的傲骨，每一座桥梁都焕发着新的青春。

在缥缈的夜色里，我仿佛走进了长江三峡的历史。多少往事沉埋在汹涌的波涛之下，又有多少记忆泛上人们心头。在历史的回响中，长江之美已经有了另一种表达方式。

长江三峡，地灵人杰。这里，孕育了伟大的爱国诗人屈原和千古奇女子王昭君。在九畹溪新建的“楚宫”里，我们观看了大型山水实景历史剧《礼魂》，那是一轮明月的幽思，一场雨落在江面的清响。美丽的西陵峡江中躺着一个英魂，他的名字写在水上。那带着芷兰的跌落，惊起了万丈波涛，惊起了人间万古情。

四大美女之一的王昭君，也是从西陵峡的香溪起步，走进茫茫朔漠。是长江的水养育了她，使她如此美丽善良，如此高洁聪慧而又气度不凡。一个深闺女子肩负着汉匈和亲重任，别长安、出潼关、渡黄河、过雁门，终成人间一段千古佳话。

从“赤壁之战”到“投鞭断流”，在这大峡深谷，曾是三国和前秦古战场，是无数英雄豪杰驰骋用武之地。“巫山神女”“公孙述称帝”“刘皇叔托孤”“诸葛亮设阵”“张献忠征战”……这些带有传奇色彩的历史故事也都深厚着长江三峡的历史气韵。

鬼城丰都、白帝城、黄陵庙、南津关、张飞庙……诸多名胜古迹和这里的山水风光交相辉映。

如今依然掩映于三峡人家百步梯之上的巴王宫，相传就是战国时期雄踞现今巫山一带的巴国的王宫，秦王朝统一六国后，巴国在战争的烽火中消失了，那石垒的宫墙、锈迹斑斑的剑戟，仿佛在向人们诉说着那段久远的历史。

望着这滚滚东去的江水，我们还仿佛看到，红军百万雄师横渡长江那气势磅礴的场面，以及伟大领袖毛主席横渡长江的震撼人心的情景。

长江三峡的历史同这被江水冲刷了几万年的西陵峡峡谷一样，久远而厚重。

历史，不会忘记长江三峡。长江三峡，也将成为历史中永不失色的篇章。

一部情韵隽永的诗书

美的东西总会引发人的灵思，触动人的情感。长江三峡举世震惊的风景，曾点燃了多少文人墨客的激情，震撼了多少诗人的心灵。

青山碧水，曾留下李白、白居易、刘禹锡、范成大、欧阳修、苏轼、陆游等诗圣文豪的足迹，他们沉迷其中，或借景抒情，或托物言志，颂江山、诉衷情，为世人留下了许许多多流丽飘逸、惊世骇俗、美轮美奂的诗文。从“朝辞白帝彩云间，千里江陵一日还。两岸猿声啼不住，轻舟已过万重山”，到“孤帆远影碧空尽，唯见长江天际流”，再到“无边落木萧萧下，不尽长江滚滚来”，长江之韵映在李白的“彩云间”“碧空里”，映在杜甫缠绵的情思中。从“一道残阳铺水中，半江瑟瑟半江红。可怜九月初三夜，露似珍珠月似弓”，到“巴江上峡重复重，阳台碧峭十二峰”，再到“八月长江万里晴，千帆一道带风轻”，长江之美映在白居易的弯月中、孟郊的十二峰中，映在崔季卿的风帆里……

在当代，以长江三峡为题材的优秀诗文，也令人瞩目。其最经典之作，当属毛泽东的《水调歌头・游泳》：“才饮长江水，又食武昌鱼。万里长江横渡，极目楚天舒……风樯动，龟蛇静，起宏图。一桥飞架南北，天堑变通途。更立西江石壁，截断巫山云雨，高峡出平湖。神女应无恙，当惊世界殊。”每每吟诵这首词，都有一种强烈的震撼敲击着心头。长江三峡波涛汹涌、一泻千里的磅礴气势令人震惊，华夏民族战天斗地、气壮山河的英气豪气更是惊天地、泣鬼神。

这就是长江三峡的精神，这就是中华民族的气质！

自古以来，歌咏长江三峡的诗词歌赋不计其数。多少年来，在长江三峡的见证下，我们从刀耕火种，走到了现代化的今天。江流奔涌在浩瀚的诗海里，奔涌在无数文人墨客英雄豪杰的眼波里、诗韵里、生命里。

长江三峡是中华民族生生不息文化繁衍的渊源和见证，让中国诗歌走入一个新的境界。

长江三峡让一代又一代的文人墨客、英雄豪杰心仪不已。当他们走进这片山水，内在的坚韧、刚烈便显现出来，一种深厚、挺拔的文化风骨、人格尊严便昭然于峡江之上、群山之中。

“滚滚长江东逝水，浪花淘尽英雄”，英雄已逝，但那些情韵隽永的诗歌还在，那些闪光的文字还在。因为长江三峡还在，长江三峡的精神还在，长江三峡的气韵还在。

一部意蕴深厚的文化典籍

文化，是一个地方的历史积淀，是一方水土的灵魂和内涵。长江三峡别样的生态文化、特色文化与山水完美融合，托起了秀山丽水的品质和品格。这里的每一处山水、每一座殿宇楼台桥梁都蕴含丰富的文化元素。

这里，是中国古文化的发源地之一。

著名的大溪文化，就起源于长江三峡巫山县的大溪镇。传说：镇西有一条溪河，注入长江。因其水色如黛，名曰黛溪。黛溪汛期时水势浩浩，因而又名大溪。作为中国著名的原始社会古文化的一处遗址，“大溪”千百年来奔腾不息、绵延万里，在历史的长河中闪耀着奇光异彩。

这里还是巴文化、楚文化的发源地之一。

巴文化，是长江上游最富有鲜明个性的民族文化之一。著名的巴文化雕塑区位于重庆市歌乐山风景区内。秭归，是楚文化发源地之一，位于秭归的屈原纪念馆，珍藏有新石器时代至清代的历史文物六百余件，是研究楚文化的重要依据。

抚琴消音，就怕惊起一池清水。却难忘，巴风楚韵，悠悠今昔。那壁立的问天简、沧桑的巨鱼坊、神秘的古悬棺，无一不闪耀着巴楚文化的神韵。

长江三峡由于它特殊的地理位置和文化生态环境，不但承载着丰厚的古文化，还孕育生长着丰富的文化基因。

四日的长江之旅，我们能深切感受到长江三峡旅游文化、航运文化、渔业文化、民俗文化等文化的繁荣发展。特别是长江旅游业、航运业的腾飞，让人想到了一种奇迹。生命需要自然的芬芳，更需要激越的力量。在来来往往的航船嘟嘟的声音里，长江活脱脱有了生命，那是因为它独有的精神绽放的光芒。

子在川上曰：逝者如斯夫。秋天逝去的方向，文化和精神的痕迹是清晰的，它隐藏在渔船隆隆远去的烟雾里，也掩藏在长江的碧涛里。其实我想，看不见的风景才深奥无比。在通往彼岸的远方，需要我驻足忘情，更需要我们不断奋起和创造。

长江三峡，原本就是汇聚自然山水精华的画廊，有着无限风光。然而，当大量的文化品质注入这片山水之后，它的山岭、激流里，更有了思想的光泽；它的晨岚、夕照中，就有了人性的灵光。自然山水与人文情怀的融合，使长江三峡成为令人心驰神往、激情洋溢的胜境。

长江的夜是宁静的，如水一样的月光，照在如月一样明净的水面上，使四面都流溢着神性的光芒。

当我们的游船从这里再次起航，我仿佛看见，那位传说中的“神女”，傲然于巫山的顶峰上，依然在回望、回望。

山的那边还是山

林语堂说：大自然本身就是一座疗养院。在大自然里，人类可以意识到自己的位分，认识到自己的渺小，去除掉许多愚蠢的野心和不必要的烦恼。其中，静默的山峰，静默的石头，静默的树木，都有精神治疗的力量。登临张家界，我的确感受到了这样的力量！

很早，我便在电视银屏上，领略过张家界那美如仙界的山水画卷，也曾想：一个人如果真能置身于如此绝美的情境中，那一定会飘飘欲仙了……

2009 年 5 月的湖南一行，让我真正体味了一次登临仙界的美妙感觉：缥缈、幽远、神秘莫测、超凡脱俗……

从张家界荷花机场，坐上开往景区的大巴车，已经是下午五点，导游小张十分得体地进行完自我介绍后，便娓娓动听地介绍起张家界名字的由来：

> 张家界，早先并不叫张家界，叫青岩山。后因张良隐居于此而得名。相传，汉高祖刘邦平定天下后，滥杀功臣。留侯张良为躲避刘邦的杀戮，便想效法当年越国范蠡，隐居江湖。他先是循着赤松子的足迹，上了天门山，以后，又辗转登上了青岩山。这里别有天地，正是张良要寻求的“世外仙境”，从此，他便在这里隐居下来，修行学道，并留下了一脉张氏子孙……

这个传说显然有很多演绎的成分，但它带给我们极大的想象空间。我一边听着故事，一边透过车窗向外望去，天色已经暗下来，依稀可见“仙界”模模糊糊的轮廓，那影像很美，在傍晚的微光里，看上去像一个梦。

此次旅行，就从这个缥缈的梦开始了。

第一程：深入“桃园”界，穿越金鞭溪

草原的天空是碧蓝的。晴日里的张家界，天空也是碧蓝的。第一个行程便赶上个好天气，这让我的心情格外愉快。

在导游的引导下，我们走进张家界国际森林公园。神奇的张家界，终于如一幅天然的水墨画，呈现出我所想象中的那种悠然诗意。

景区内，几乎没有经过任何的人工雕琢，到处是石柱石峰、断崖绝壁和古树名木，处处有流泉飞瀑和清澈的溪水。置身其中，你仿佛真的进入一个世外桃源。

按着事先的行程安排，我们要从这里出发徒步 2 个小时穿越金鞭溪。导游在最前边带路，他一边走，一边介绍说：金鞭溪全长 7 500 米，这条美丽的溪流被称为“世界最美的峡谷”“最富有诗意的溪流”。

徒步穿越金鞭溪，这无疑是一次诗意的行走。

果不其然，起步不远，就只见绝壁奇峰之间溪水潺潺、琉璃飞瀑，那溪水纯净如玉，溪边随处可见奇花异草、珍禽异兽。峡谷两边更可见惟妙惟肖的天然石峰：母子峰、猪八戒背媳妇、花果山、水帘洞、劈山救母、观音送子、师徒取经、千里相会等，让人目不暇接，如入仙界。

足下有山山如画，心澄似水水清明。走在这秀丽、清幽、自然天成的峡谷中，静静体味着这纯然、澄明与美好，你会感到，你的心都被净化了。许多世俗的欲望不知不觉间已悄悄遁去，剩下的唯有山水一样的静谧与安宁。

第二程：观赏“空中田园”袁家界

如果说，金鞭溪是一个充满诗意的地方，那么袁家界则是一个充满诗意和神奇色彩的地方。乘电梯到达山顶，举目远望，一幅清新自然的田园山水画凌空而出，这便是“空中田园”袁家界。

当我们走近景区观景台的时候，天空下起了毛毛细雨，衬得山色空蒙，亦真亦幻。

来到观景台中央，三千奇峰尽收眼底，雄险秀野、神态各异。

峡谷深处，千百根石峰石柱奇伟突立。峻峭之石，如英武将帅；嵯峨之峰，似勇猛壮士。有声有色，若静若动，形象逼真，呼之欲出。“那里便是电影《阿凡达》中的悬浮山‘哈利路亚山’的取景地。”张导这样说道。

我忽然发现，那些在岁月中伫立了千年的神峰石柱本身就是一部电影，一首岁月的歌，它们或许就是哪路神仙路过这里，为美景所动，从此沉醉不起，一梦千年。

带着幽远的情思，我们走进了一个叫作袁家寨子的景区。

这袁家寨子，秉承着土家族建筑的特色，寨门檐角向上翘起，中间横着“袁家寨子”的牌匾，两侧挂着大红灯笼，寨门上挂满了金黄色的老玉米。进门之后一只猛虎横卧于前，一个孩子和一只巨猿坐在旁边，这是土家族的图腾，他们自古流传信奉“以虎为父，以猿为母”。

驻足于此，仿佛触摸到了这个民族遥远古老的箴言，亦依稀可见喧嚣与宁静交错的往昔，曾经有过“日出而作日落而息”的平静生活，有过“中军置酒饮归客，胡琴琵琶与羌笛”的壮阔场面，又有过多少“山一程，水一程，身向榆关那畔行”的缠绵相思。

在袁家界，我们还观赏了另一幅奇观——天下第一桥。

走近砂刀沟风景区一带，你会看到一天然石桥凌空飞驾于两座巨大的石峰之巅。远观此桥，云雾缭绕，桥身若隐若现。走近再看，桥上苍松挺拔，桥边古藤垂挂，桥下深不可测。

导游介绍说：这天下第一桥的形成可以追溯到三亿八千万年以前，张家界砂岩峰林地貌的形成，是由于地壳缓慢的产歇性抬升，经受流水长期侵蚀切割的结果。其发展演变经历了平台、方山、峰墙、峰丛、峰林、残林六个主要阶段，天下第一桥的形成就在峰墙阶段。

这并非又一个美丽的传说，而是大自然的鬼斧神工。置身在这天造地设的绮丽景色里，你不得不惊叹大自然的神奇莫测，非凡伟力。

在天桥右边的石峰上，横卧一把仿古的铜锁，上书：“天桥”“天锁”，下面另有一行字：“天地合一，万物和谐”，是由吴邦国题写。铜锁右边的栈道上挂满了成千上万的祈愿锁。据导游介绍说，这里大约有几万把铜锁，游客们把健康、平安、幸福、爱情等祝愿用锁记的形式进行表达，形成了这里的另一道景观。

看到这一把把锁在铁栏杆上的铜锁，我不禁想到，芸芸众生，每个人心里都会装着一份祝福，一份愿望，对爱、对约定、对信念、对人生最重要东西的执守，这是弥足珍贵的。

第三程：醉梦天子山

天子山，原名青岩山。因古代土家族领袖向大坤率领当地农民起义自称“天子”而得名。

在我的眼里，天子山，就是一座仙山，蒙蒙细雨，云雾缥缈，赏神堂湾、点将台、云青岩、画中游、御笔峰、仙女献花，西海石林等组成的玄幻谜境。我似乎真的感到，这些山都是有生命的，它们接天连地，日日夜夜沐浴日月星光，拥抱风霜雨雪，它们已经吸纳了太多日月光辉，浸润了太多自然灵气，所以这里喷薄着大自然蓬勃向上的生命活力，流淌着大自然生生不息的生命原浆。

在充满梦幻色彩的索溪峪，我的这种感觉再次升级。在这条长达十余里的山谷两侧，有着丰富的自然景观，人行其间如在画中。沟旁黛峰屏列，山上的岩石形成了200多尊似人似物、似鸟似兽的石景造型，有“孔雀开屏”“采药老人”“寿星迎宾”“猛虎啸天”等等。十里画廊两边林木葱茏，野花飘香，奇峰异石，千姿百态，像一幅幅巨大的山水画卷，并排悬挂在千仞绝壁之上，令游人驻足忘返。

自然造美，福地化心，这是充满梦幻的世界，这是净化心灵的世界。

“功成拂衣去，归于武陵源”，李白为这里倾倒；“归隐青岩山，修得一世缘”，张良在这里沉醉。如今成千上万热爱自然的人，跨越千山万水奔赴这里，就是为了浴情于这美若仙界的天地。

从张家界回来，除了满脑子的奇山秀水，我感觉自己似乎比每一次出行归来收获更多，在大自然中体味一种旷远与博大、纯净与清明，在历史的脚步中倾听远古的声音，感受一种文化与智慧，使之沉淀于心。这是什么？这应该是一种厚重感吧？

旅行真是一种深厚的阅读，我们的每一次旅行都是一次与世界的对话，是一次精神、思想的飞翔，是一次身心灵的相融。

如今，张家界在我的心里已沉淀为一幅古画，但它留给我的精神陶冶，却如那日夜伫立在天地间的仙山秀谷、古树神寨，永远留存在我的心里。

一样的芬芳

每个人都有脚下的一片土地，那是他生命的园子。无论你是农民、清洁工人，还是科学工作者……只要你立足脚下、努力绽放自己，你的人生就是丰厚的，你的生命之花就会绚烂多彩。

河南洛阳，历来被称为牡丹故土，那里气候土壤条件优越，非常适宜牡丹生长。素有“洛阳地脉花最宜，牡丹尤为天下奇”的美誉。

2010 年的河南洛阳之旅，正赶上洛阳国际牡丹园开园，这对于我这个“花痴”来说，无疑是一件莫大的喜事。

与同行的几个朋友欢天喜地地奔赴而去。一踏入园中，整个人全都浸染在香气浓郁、绚丽多彩的世界里。

我喜欢牡丹花，但真的牡丹花我还是第一次见到。

听园艺工人介绍说：这个园中牡丹花的种类大约有 600 多种，如肉芙蓉、状元红、银红、巧对、迎日红、玉楼点翠、玉壶冰心、首案红、花王、落英宝珠、葛巾紫；岛锦、岛大臣、金晃等。这些品种的花，盛开的时间并不一样，最早开放的是肉芙蓉，肉芙蓉花朵硕大，色泽艳丽，花期也最长。

他滔滔不绝地介绍着，脸上洋溢着幸福和欢喜的微笑。我问他：“你每天都在这里侍弄花吗？”他回答说：“是的，我从 21 岁就在这个园中工作，到现在已经快 30 年了。”我心里有些激动，原来这是一个老“花痴”呀！他那沾满泥土的双手，不知捧扶过多少美丽的花朵呢！

漫步园中，回忆着那位园艺工人的介绍，这满园的盛景霎时点燃了我满怀的激情。我感觉，这里的每一朵花儿都是那么柔情、高贵、典雅。我深情地凝视她，低身去抚摸她，凝眸展手间，一种莫名的感动霎时涌上心间：多么美丽的绽放啊！如火如荼地绵延，轰轰烈烈地娇艳，她们跟着春的脚步，时尚而又含蓄，她们绽放着娇艳的色泽，把美丽奉献给人间。

我感念天地万物之美，竟然是如此的曼妙多姿，如此的让人喜，让人爱，让人深深感怀。

此景只应天上有，落入人间不愿归。

清风徐徐，暖阳煦煦，我伫立在清风花影中，心驰神往，思绪绵绵……

那位园艺工人告诉我们：牡丹的花期不长，最多的也不过二十多日。我回来后也查过资料，牡丹，丰腴而从不挺叶而开。它硕大的花苞里，是陈酿了八千代的芳华。不开则已，开则倾其所有，终要开得倾国倾城。

这些说法，在刘禹锡和白居易的诗中也有呈现。“唯有牡丹真国色，花开时节动京城。”“花开花落二十日，一城之人皆若狂。”

二十日，生命何其短，但它们，尽情绽放，把最美，留给这个世界。

在园中，我还遇见一个叫若阳的小姑娘。她穿着一身洁白的连衣裙，头上戴着一个用牡丹花编织的美丽的花环，边跑还边咯咯咯地笑个不停。她跑到我的身边忽然停下来，我看到她走近一朵花儿，轻轻蹲下身来，又轻轻地把脸贴过去。那是多么富有诗意的一张小脸儿，阳光照着她，牡丹花艳丽的色彩映着她，她俨然就是一个花中仙子。

生命何其美，如眼前这盛开的牡丹，这花枝招展的小姑娘，这位勤劳的园艺工人，他们绽放着蓬勃的生机，给人以美的享受。“花开花落二十日”，是的，生命是美好的，生命也是短暂的。无论是谁，都逃不过生命的轮回，我们要做的就是在有限的生命里，活出生命最大的可能，让生命如这夏花般绚烂多彩。

一位农民，用辛勤的汗水换来金灿灿的果实，他们的身心与大地融为一体，用勤劳的双手在田野上采撷生活的芬芳烂漫。他们的生命之花盛开在田垄上、麦地里，盛开在沉甸甸的谷穗上。一名教师，把一生的爱都无私奉献给学生，“捧一颗心来，不带半根草走”，披淡淡星月，迎洋洋粉尘，把智慧播撒在校园里，用双手托起明天的太阳，他们的生命之花盛开在孩子们的笑脸上、家长们的赞叹里。一位医护人员，心系羸弱，情洒病榻，救死扶伤，无怨无悔。当一盏盏生命之火被重新擦燃，当一双双哀伤绝望的眼睛重新燃起希望，他们的生命之花绽放在另一群生命里，他们脸上的笑容胜过世界上最美的花朵。

是的，每一种生命都有其特定的姿态，而每一种特定的姿态都有着特定的生命的气息，无论是高大的，还是弱小的，都要经历着从生到死的历程。每一个生命都要用自己独特的方式，用自己的全部热情，谱出一曲生命的赞歌。

每个人都有脚下的一片土地，那是他生命的园子。无论你是农民、清洁工人，还是科学工作者……只要你立足脚下，努力绽放自己，你的人生就是丰厚的，你的生命之花就会绚烂多彩。

一棵树摇动另一棵树

“见贤思齐焉，见不贤而内自省也。”与智者为伍，心智开蒙；与仁者为伍，知耻而勇；与大师对话，醍醐灌顶；与热情之人相处，温煦如春阳；与凝聚的团队为伍，凝聚起力量和责任。

教育本身就意味着，“一棵树摇动另一棵树，一朵云推动另一朵云，一个灵魂唤醒另一个灵魂……”于每个孩子而言，学会交流，学会合作，学会悦纳，学会欣赏，是走向心灵开放、让生命自由舒展的美好之径。

静默如莲

淡泊的人生，如一株幽兰，静静地生长，默默地开放。这是我在郑琰老师身上看到的一种品格。

“江南风景秀，最忆在碧莲，娥娜似仙子，清风送香远。”非常喜欢周敦颐的这首《忆莲》，它不但写出了莲儿轻盈柔美的姿态，也写出了它香气清幽飘逸的韵致。

莲，被称为花中仙子，常用来比喻一种恬淡、纯然、高洁、静雅、卓尔不群的高贵品格。

我心目中的郑琰老师，就是具有这样高贵品格的人。与她相处，你会感受到一种淡雅、清宁，连心都会被带入一个素洁、安静、平和的世界。

初识郑琰老师，是在 2009 年的仲秋。应翁牛特旗教育局的邀请，基础教育课程教材发展中心的刘坚主任与郑琰老师，来翁旗调研指导课堂教学改革工作。

第一次见郑琰老师，她身穿一件黑色的风衣，一条浅绿色的丝巾搭在肩上，既得体又大方。一张端庄清秀的脸挂着淡淡的微笑，让人一看便知是一位素洁高雅、热情真诚的知识女性。

那天是由我陪同郑琰老师去学校听课，我们便一同在宾馆简单吃了早餐，然后匆匆赶到学校听课，第一次与这么高层次的主任编辑坐在一起吃饭、听课、聊天，我还真有点儿紧张，但郑琰老师非常谦和、诚恳。她说话轻柔，总是挂着淡淡的笑容，让人感觉蔼然可亲，我的心情慢慢地放松下来。从乌丹五中到乌丹蒙小再到桥头中心小学，我们一路听课一路交流，竟没有一点距离感。

在桥头中心小学听课结束后，刘坚主任首先做了总结性发言。他高度评价了翁牛特旗课堂教学改革取得的成效，也提出了中肯的意见和建议。他和刘局长商定，要在《基础教育课程》杂志上为翁旗做一个“专刊”，全面反映边疆少数民族地区课堂教学改革的做法和取得的成效。

听到这个振奋人心的消息，我们每个人都激动不已。

郑琰老师也谈了自己的感受，她说：“翁旗的课堂教学改革把每个学生的发展作为核心，做得非常实在。一个少数民族贫困地区能把课改做得这么坚实，实在让我佩服。”接下来她又从一个编辑的角度向我们认真介绍了如何总结、提炼经验，把我们的一些思考和做法通过系列文章呈现在“专刊”里。她那认真、细致、一丝不苟的精神着实让人感佩。

接下来的日子，我们一边实践，一边为编写“专刊”奔忙。我有幸成为“专刊”编写的组织者，也有了更多与郑琰老师交流的机会。长达两个月的时间，撰稿、选稿、校稿，我频繁与郑琰老师联系，向她请教，每一次，她都不厌其烦，一遍又一遍，悉心指导。特别忙的时候，她就利用午休的时间和我通电话或发电子邮件。

最让我感动的是在北京的第二次审稿，还是在教育部旁边的山水宾馆，郑琰老师早早就等候在那里，杂志社的小方、小严、何成刚博士也都来帮忙。从早晨八点他们就开始审稿，一篇一篇地看，一遍一遍地校对，他们每个人都是那么认真、细致、精益求精。

这是一个专业素质非常强的团队，也是一个凝聚力、战斗力非常强的团队。置身这样的群体里，我被感召着、感染着、感动着，心里充满了敬意。

已经到了中午，稿子还有一大半没处理完。郑琰老师让我带着其他人先去吃饭，自己却坚持要把手头的稿子弄完再吃。等我们回来的时候，郑琰老师还在工作着，她静静地坐在那里，把卷凝神，展纸濡墨。她那静默的姿态恰如我心中的那支莲，清雅淡定、静静绽放……

那个晚上，我们一直工作到十一点多，郑琰老师和她的团队成员凭着过硬的专业素质，帮我们推出了《聚焦翁牛特》专刊，也把他们的精神传递给我们，传递给翁旗教育界的每一个人。

郑琰老师，是《基础教育课程》杂志社编辑部主任。多年来，她把先进的教育思想和理念，连带自己的理想、信念编织在文字里，传递到全国每一所中小学校，传递给全国亿万教师和中小学生。因为有了《基础教育课程》的引领，他们才有所不同。

郑琰老师也是中国基础教育课程改革的创造者、发动者和最忠实的践行者之一。

2010 年中秋佳节，在她和刘坚主任的精心设计和组织下，“全国县域课改联盟”“全国初中课改联盟”在翁牛特旗正式成立。

“改革者联合起来！为了教育，让我们同行！为了孩子，让我们共同努力！”铿锵的声音回响在边塞草原。那一天，对翁牛特旗，对每一个联盟单位，对中国的基础教育，都有着不同寻常的意义。在翁牛特旗政府大礼堂里，聚集了全国教育的优秀学者、专家、校长、老师。大家为了一个共同的目标走到一起。

那天，郑琰老师就坐在台下的一个边座上，依旧是那么静静地，默默地……主席台上没有她的名牌，众多专家的名册里没有她的名字，但我们都深深地知道，这盛大的聚会、这伟大的壮举，凝聚着郑琰老师多少汗水和智慧!

这是一个共享经验的联盟，这是一个解决问题的联盟，这是一个培育教育家的联盟，这是一个精神栖息地，而郑琰老师就是这个联盟的联系者、筑造者，是这个精神家园的守候者。

联盟成立的几年里，郑琰老师以及他们的团队，筚路蓝缕努力实践，足迹遍布祖国大江南北。他们把先进的教育理念和思想，把中国教育人执着的精神，播撒在校园里，播撒在教师和学生的心田里，让它们在那里生根、开花、结果。

我作为县域课改联盟理事长单位的一名成员，也有幸多次跟随郑琰老师的脚步，走进全国县域课改联盟单位的很多中小学校。在山东潍坊、在安徽五河、在四川武胜、在湖北宜昌、在辽宁大连、在贵州威宁……我和郑琰老师多次相会，又多次受到她的指导和精神感召。

每一次的会议，郑琰老师都会去得很早，安排好整个会议的进程。而每到一个会场，她又总是默默静守一隅，默默地、悄无声息在那里工作着，如一支静默的莲，默默在那里散发着幽香。

我想，正是她这种工作的热忱、执着的精神和高贵的人格魅力，感召着大家，共同为中国的基础教育耕耘和探索。

2013 年“全国县域课改联盟”改名“全国区域课改联盟理事会”，全国一百多个市区县加入联盟中。它昭示着改革者的步履已经延伸到更广阔的领域，中国的基础教育课程改革将在他们的精神带动下，走向一个新的里程碑。

郑琰老师依旧是这个联盟的联系人、筑造者、组织者，也是那个最默默无闻的奉献者。

这就是她的精神品格，清雅如兰、静默如莲，不求姿容瞩世无双，却天生静美优雅、轻染心禅。

“非淡泊无以明志，非宁静无以致远”，我有郑琰老师这样的朋友，是莫大的福气！中国的基础教育有郑琰老师这样的默默奉献者和执着追求者，将会有更加美好的明天。

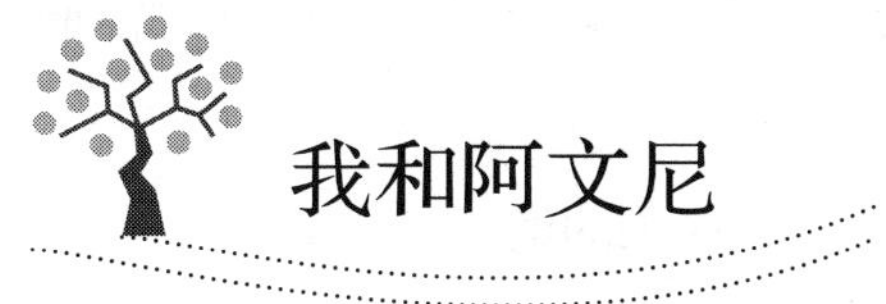

我和阿文尼

她是一个播洒阳光的女孩，她把阳光播洒在校园里，播洒在孩子们的心里，也播洒给每一个和她交往的人。

北方的夏夜，安谧、宁静……白日里的燥热已经退去，清风唱晚，空气里弥散着淡淡的桂花香。如水的月光，多情地泼洒在地上，流进我的小屋。

又到午夜，打开手机微信平台，寻找那个长头发、大眼睛，有着阳光般笑容的女孩，那漂亮的头像果然在那里明亮着。旁边，一条新消息赫然在目："夜听：《你在我的意料之外》。"

你在我的苏醒之外，却在我的晨光之中；
你在我的车骑之外，却在我的方向之中；
你在我的客梯之外，却在我的升降之中；
你在我的夕阳之外，却在我的晚霞之中；
你在我的世界之外，却在我的宇宙之中。
你在我的树荫之外，却在我的绿意之中；
你在我的花簇之外，却在我的春天之中；
你在我的湖水之外，却在我的涟漪之中；
你在我的变化之外，却在我的守恒之中；

你在我的基因之外，却在我的生命之中。

听着听着，我的心好像被清泉涤荡过一样，一阵清凉与温馨倏时涌遍周身，蔓延了整个小屋。

这是阿文尼，那个漂亮的女孩，每天给我送来的清凉。

我和阿文尼认识已经五年了，我们虽然只见过两次面，但她却是我可以用心来交的朋友。

我们的第一次见面是在全区的一个教学研讨会上，那时阿文尼还在《中国教师报》驻呼记者站当记者，因为她要了解一下翁牛特旗课程改革的一些情况，所以联系到我。

阿文尼，是让人第一眼看到就不容易忘记的女孩儿。一张充满朝气的笑脸，一双晶亮迷人的眼睛，一头长长的秀发，一袭淡粉色连衣裙，整个人透着灵秀，洋溢着青春的气息。

我们留下了各自的联系方式。阿文尼是她的网名，她的真名叫吴彩霞，是《中国教师报》驻呼记者站首席记者，她温柔、漂亮、热情、真诚、阳光、聪慧，是一个很可爱的女孩子。

也许就是那一次的见面，我便“一见钟情”，喜欢上了这个精灵般的女孩。

除了谈一些工作上的事情，我们在网络平台上不常聊天，但彼此却一直在对方的视线和空间里，默默注视，寂静欢喜。

我喜欢看彩霞的网络空间，看她每天发出的脉脉心语。她也经常进入我的空间，留下她美丽的影像，留下她温馨的评语。

2012 年冬，彩霞离开《中国教师报》，走进北大附属实验学校，所做的工作还是教育宣传。

有一次，我问她：“彩霞，你放着好好的记者不做，为什么要去学校呢？”她发过来这样的一段话：“大学时，我读的新闻专业，大学给我留下最宝贵的东西就是新闻精神，让我受益匪浅。耳能听，手能写，腿脚能奔走，勤奋努力，吃苦耐劳。参加工作后，机缘巧合，我进入了教育媒体，从此，我再也没有离开过教育。我希望用宣传促进教育，于是，我走进了学校。”

彩霞在北附将近三年，她深深地热爱着那里的师生，她在北附构建起一整套宣传体系，“北附校报”“北附微信公众平台”等，把北附的精神和先进的办学理念传播到社会，也传播到我们每个人的心里。

那几年，收看彩霞的信息已成为我生活学习的一部分。在那些信息中我采撷着生活的芬芳，汲取着生命的力量。

> 在有孩子的地方工作就是这样，孩子哭，你就揪心，孩子笑，你就喜悦。愿每个小朋友都可以拥有一个小小的太阳，永不认输，永远快乐！
>
> 今天有个中学生过生日遇见我，抱住我让彩霞姐姐亲她一口，我就亲了她一口，哈哈哈！她还硬塞给我一根棒棒糖。
>
> 每次在校园遇见，都能感受到你们的热情与纯真，愿这份美好一直都在。
>
> 你怎么能拒绝孩子们远远地喊你的热情？我每天的幸福感就来自于这些认识我的孩子们。孩子是我们大人的天使，感恩有你！
>
> 没有什么比看着孩子们一天天成长更幸福的事了！我虽然不是孩子们的老师，但我想说这都是我的孩子，只要你心中有他们，他们都能感觉到。

彩霞还经常亲手拍摄一些北附教师和学生的照片，并且附上自己的解说词：“物理组的教师们真精神”，“这是在学校喊我彩霞姐姐的两个最小小朋友——北北和文文”……

读着彩霞这些带着温度的心语，我仿佛看到她那颗柔软有力的心。她的细心、她的爱心、她的真心，感动着北附的师生们，也感动着我。我也更加了解和喜欢上了这个内蒙古大草原走出去的阳光女孩儿。

彩霞的心里储蓄了太多的阳光，所以她的眼睛在哪里，哪里就会充满无限的生机和温暖。

除了在学校尽心尽力工作，彩霞还在微信里建立了很多交流平台，如“美丽心灵”微信群、“传播思维”微信公众平台，以文会友，传播正能量。

在她的“美丽心灵”微信群中，我认识了树人学校睿智能干的崔伟校长；内蒙古鄂尔多斯东胜区铁西实验幼儿园美丽聪慧的乔凤萍园长；在主持方面非常有天赋的、彩霞大学时的学长阿乐斯；彩霞钦佩的长者，一个资助了好多玉树儿童上学的仁厚的“孙阿姨”。

彩霞说：“她们都是会发光的人。”她不但把这些人都邀请进“美丽心灵”的朋友圈中，还在那里传播他们的新思想，播撒他们的光亮。

崔校长的《树人风采》，乔园长的《乔凤萍教育录：成为爱本身》《乔凤萍教育录：回到孩子》，在微平台一期期播出后，给我们打开了一个更广阔的教育视野，也带给我们很多启迪。

我深深记得《乔凤萍教育录：成为爱本身》中的一段话：“一个优秀的幼教工作者不仅要爱孩子，还要让孩子爱上你，应该像太阳一样，没有任何选择地把爱和温暖投向每个人。而要想成为爱本身，最重要的就是让自己的内心强大起来，拥有强大的能量，用固定不变的方式一如既往地存在着、追求着，走自己愿走的路，成为独立、自主、自己愿意成为的那个人。”正如彩霞所说，乔园长是会发光的人，她把爱的光亮传播给孩子，去照亮他们的人生之路。

彩霞不仅对教育痴迷，同时她还是一个多才多艺、热爱生活的女孩儿。

她经常在网上发一些歌曲，《浮夸》《明天你好》《真心英雄》……都是我喜欢的歌曲，有时我一边听着她发的歌曲，一边看她的微信，一边写着自己的心语。在静默间，在互望中，我们逐渐走进对方，走进彼此的心灵。

在彩霞的微信中，我还体会到了她的自强不息和坦荡正义。“浮萍半日，读书，学习。”“而立之年，选择归零。我成为北大附属实验学校的一名毕业生！感恩领导、老师、学生。”“做宣传工作的人一定要内心干净，做正事，做真事。”这就是彩霞，一个一直朝着太阳和梦想行走的女孩，一个播洒阳光的女孩。

最近我才知道，彩霞现在到北京师范大学工作了，因为那里有她更美好的梦。

有一种欢喜是遇见，如故人，心手相牵。

有一种欢喜是懂得，心灵的轻颤，是开在流年中的絮语。

我把这首短诗留给彩霞，想悄悄告诉她：我，喜欢这样的遇见……

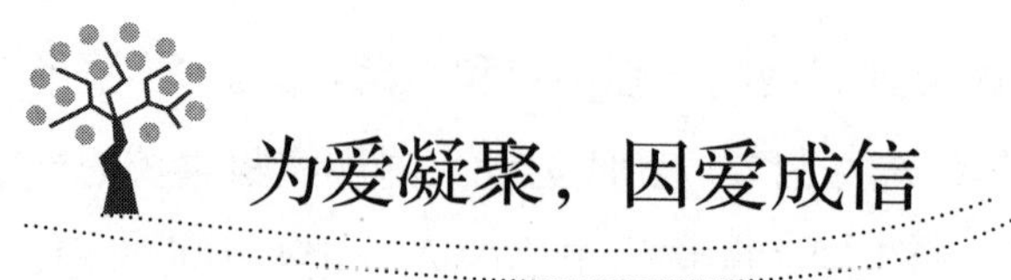

为爱凝聚，因爱成信

热爱是永恒不变的力量，能够穿越所有维度。

美丽的赤峰新城之夜，华灯初上，流光溢彩。刚刚下过一场小雨，空气里，处处弥漫着一股清新的气息。从玉龙机场送王尚志老师回来，我的心情久久不能平静。想来，这已是第三次来机场给王老师送行了，每一次都是脚步匆匆，每一次回来，心里都是沉甸甸的。

王老师对待工作太认真、太热情，也太有责任感。每一次来赤峰，他留给我们的，除了感动，还有巨大的鼓舞和深深的思索。

王尚志老师，是首都师范大学数学科学学院教授，博士生导师，国家教师教育专家委员会委员及数学组组长，国家义务教育数学课程标准修改组核心成员。他多次被应邀出国讲学、合作研究、参加和主持国际会议。

王老师今年七十多岁了，我和他是通过“联盟”的一次活动认识的，后来因为教研工作的事情多次与他联络，感情日渐深厚，现在竟成了忘年交。

他工作认真严谨，为人儒雅温和、热情旷达、仁厚友善，对我更是关爱有加。我和他认识近六年，一直都称他为“王老师”，他也亲切地称我为“玉老师”或者“翁老师”，也许他确实没有记清楚我的名字，但他却记住了我这个人，记住了翁牛特旗。

王老师身兼数职，工作繁忙，他自己又勤勉慎独，所以一直都非常辛苦。但每一次，当他知道我们需要他的帮助，他都毫不推辞，总是挤时间帮我们筹划工作思路，设计研究课题，邀请名师做课，然后又匆匆赶过来，深入课堂教学，和教师们倾心交流，把他对数学、对教育的思考传递、渗透给大家。

这样的教研活动入人心，贴地气，厚重深远，而又令人舒畅温暖。每一次这样的活动，都是一次心与心的碰撞与凝聚，都寄托着王老师对一线教师的殷殷关怀和希望。没有训斥，没有鄙夷，没有指手画脚，有的只是深沉的爱，对孩子、对教育的爱。

印象最深的是 2013 年冬天的一次数学活动。

按照事先我们和王老师研究规划的思路，活动需要两天的时间，第一天是课例展示，第二天是交流点评和讲座。这是全旗小学、初中、高中数学教师都要参与的活动，我们要抓住这个机会，让全体数学教师经历一次高层次的培训学习。我们的设计是每个阶段至少都要有两节课例展示，王老师带的名师和我们区内的教师各执教一节课。

王老师在他的研究团队中选了几名优秀教师，他们分别是北京市育英学校的关键、北京第二实验小学的施银燕、北大附中的鲍敬谊。王老师分别给她们分配了上课的任务，其他一些事情，他就让关键老师和我联系。

我和关键老师也是素昧平生，从电话里清爽、干脆、温柔的声音我能感知到，她是一个干练、热情、能力极强的数学名师。我们的交流很顺畅。这边的活动准备，我们也按部就班地进行着，我们选择的做课教师，也是翁旗的几个教学骨干。

2013 年的冬天，伴着一场迷人的小雪，一次由王老师精心策划，由北京名师与区内骨干共同参与的数学研讨活动，在翁旗正式开始。

小学的课，初中的课，高中的课，王老师一节一节地听，他静静地观察着课堂里发生的一切，时而又凝眸思索，他凝眸的姿态，使我想到一个智者的谨严。

王老师是搞数学教育的，他一贯的风格就是严谨、精细、专注、毫不含糊。而那些站在孩子们中间的做课教师，也是那么认真地和孩子们进行交流，循循善诱地讲解……讲完了课，他们就坐到听课的教师们中间，和大家共同研讨，从这节课的设计意图，课堂中学生的表现，教师的引导等，深入地进行交流和反思，梳理出存在的问题和下一步努力的方向。

王老师给我介绍说，他所带的团队，大约有一百多个教师，他们都在各自的学校承担着数学教学工作，同时每个人都有自己喜欢的研究课题，他们也经常像今天一样，同王老师一起到全国各地的学校进行讲课指导。王老师还补充说，大家聚在一起，就是想一起做一点有意义的事情。多么朴素的话语，却让我沉入深深的思索和感动中。

是的，他们选择了一个有意义的事情，以专注、热情和智慧，持续地浇灌，他们一边努力着，一边享受着当下的生活。他们所有的努力，都不是给别人看的，而是为了自己内心真正的追求。而这些有价值的努力，也一点一滴真正到达了他们的内心。

今天，站在孩子们中间的那些教师，包括教室里听课的很多教师，不都有着这样的情怀吗？他们因爱生信，所以他们也因信生爱。

第二天下午的课例点评和讲座，在温馨和谐的气氛中进行着，王老师站在会场的前面，让每一个做课的教师都坐在他的对面，和风细雨，娓娓道来。他不是拿着一个数学专家的架势给大家评课，而是倾心交流、认真切磋、商榷，让大家在一起感觉非常轻松、自如。

整整一下午，除了中间休息十分钟，王老师一直站着，说着，微笑着，有时还在黑板上写着……我至今还记得王老师在黑板上写过的几个醒目的大字：兴趣、习惯、思维。这是王老师所讲的有质量的数学课的三个重要指标。

梁启超在他的一篇文章《人生拿趣味做根底》中的一段话：

有人问我："你信仰的是什么？"我便答道："拿趣味做根底。"

我生平对自己所做的事，总是做得津津有味。什么“悲观厌世”这种字眼，在我的字典里头，可以说完全没有。

我每天除了睡觉外，没有一分钟一秒钟不在积极地活动。然而，我从不觉得疲倦，而且很少生病。因为我每天的活动都有趣得很。

这段话表达了梁先生一生的志趣，也是王尚志老师的精神写照。王老师对工作的认真、严谨，来自他对数学的兴趣，而这种兴趣又来自他对教育深深的爱。

“爱的关键，就是更加沉浸在爱里，让爱完全进入我们内在，爱才可以彻底地活起来，开始呼吸。”

王老师，是用生命做数学教育的，是动了情的。

庞贝古城出土的一幅壁画中写道：“没有什么东西可以永恒”，而人具有的特质却与生俱来，不会改变。就像王老师的质朴与高贵，淡泊与宁静。

两天的活动很快就结束了，短时间的聚会之后，王老师他们就要连夜回到北京。

那是一个令人难忘的冬夜，大家聚在一起，相互留言、相互祝福，我们还一起围着王老师唱歌，会唱的，不会唱的，大家都一起唱，让歌声飘进清寒的冬夜，让美好的祝福融入每个人的心里……

我们劳动不辍，才真正置身真爱的生命中，借由劳动来热爱生命，便是懂得了生命最深处的奥秘。

带着爱工作，把我们全部的身心献给孩子，把每一个孩子当作生命的挚爱，工作时，便会与自己，与他人，与人生悠远的梦相融为一体了！

祝福王老师！祝福我们的孩子们！也祝福我们每一个心里有爱的人。

温暖的力量

我跟随他走进课堂，我聆听他精彩的讲座，他不止一次地在我的文字中留下鼓励和对教育的思考。这对我来说，是一种导引，一种推动，是一种温暖的力量。它将温暖我一生一世。

> 终于到了翁牛特旗。翁牛特旗，国家级贫困县，但是一切都在变，到处呈现新的景象。而在新景象中，最靓丽的是教育，是学校，是教师，是学生……
>
> 在校园里，你真的会看到师生们种下的茄子、黄瓜、西红柿，你真的会觉得黄土上是一片绿草。在课堂里，你会看到最生动最美丽的身影，那是学生在教师引领下自主学习，你也会听到最丰富最动听的声音，那是学生们独立思考后争先恐后地回答与讨论……于是，我坚定地相信，翁牛特旗是一片营养最丰富的沃土，它以博大的胸怀，滋养着师生们的生命。

这是成尚荣先生，写在我的第一本书《拿什么送给你，我的学生——追寻有“灵魂”的教育》序言中的一段话。每当重温这些文字，我就不由自主地沉浸在深深感动中。这感动，不是因为成老那热情的赞誉，而是被他对边疆少数民族地区教育的真情和眷注，所深深打动。

成老，是国家督学、江苏省教育科学研究所原所长、中国教育学会素质教育实验区指导专家，《江苏教育研究》《现代特殊教育》主编。

我曾读过他写的很多充满哲思、启人心智的文章，也曾听过他的很多精彩讲座。这个我一直在心里敬仰的教育前辈，没想到最终会成为我人生的导航人。

他两次来到漠北草原翁牛特旗，指导课堂教学；两次为我这个最基层的教研员撰写书序。

走近成老，得到他的指导，让我不但对他那渊博的学识和对教育的真知灼见折服，更对他对教育的美好情怀深深感佩。

成老第一次来翁牛特旗，是在 2010 年的初秋，受刘坚主任的邀请，来翁旗进行课堂教学的指导和调研。

在翁旗北部的五分地总校，我第一次见到了他。

他挺拔高挑的身材透着英气；清瘦的面容、深邃的目光中透着精气。已是古稀之年的成老，看上去依旧那么神采奕奕、风度翩翩。

我们随他一起走进一个五年级的教室，那是一节语文课，看到我们几个走进来，三十几个孩子齐刷刷地站起来问好，成老微笑着向孩子招了招手，郑重地回应。这节课就在这友好的气氛中开始了。

成老听课时认真、专注，他或者站在教室的后面，认真关注着整个课堂的动向；或者坐在孩子们中间，仔细观察，认真倾听，或微笑点头，或投以赞许的目光。在他那温暖的目光里，我看到了爱，对孩子们的爱，对教师的爱，对教育的爱。

那节语文课，在孩子们激情的诵读中结束了。成老并不忙于离开会场，而是非常亲和地站在孩子们中间，问这问那，孩子们被成老和蔼友善、带有启发性的问话所激发，都积极踊跃地回答问题。那场面，让人感觉，他们不是在和一个高层教育专家对话，而是在和自己亲爱的老爷爷谈心。

成老和孩子们在一起，是那样的兴奋和喜悦。他那真诚纯然的样子看上去真像个老顽童。

我被这样的场面感染着，也感动着，也心有所悟：孩子们在课堂上怎样阅读，怎样倾听，怎样思考，怎样表达，他们的思维状态、情感状态如何…… 老师在课堂上如何引导激发学生自己去阅读，去解决问题等，这些才是成老听课关注的核心问题，也是他探索研究的核心。

“儿童在本义上是自由者和探索者”，“童心：儿童发展的密码”……这是成老在《儿童立场，教育从这儿出发》中提出的。这些精深的思想和理念，在这里一下找到了对接。

和孩子们交谈完毕，我们又到了另一所学校。

我们看到，无论是在哪一所学校，也不论是听什么样的课，成老都会那么认真、专注。那应该是他一贯的风格，只要是进了课堂，只要是见到孩子们，他就幸福，就喜欢。

我想，成老不只是把整个身心沉浸到课堂中，他是把他的精神世界与教育融为一体。

听成老评课和讲座更是一种享受。点评时，他会记住每一位教师的名字，会记住课堂的每一个细节，他也会给每一个教师以更多的赞许、期许。

他的讲座娓娓道来、厚重深远，话语如水般清澈、流畅，内容的宽阔与层次的深入，又给听者一种思维的撞击。讲到课堂教学改革，他旗帜鲜明地指出：课堂教学改革必须从尊重儿童、发展儿童出发，要呵护好每一个孩子的好奇心，创造力就是童心不泯。有童心的教师才能教出有创造力的孩子。他又引用明代思想家李贽的话说："童心者，真正也……若失去童心，便失去真心，失去真心，便失去真人。"

"儿童立场""失去童心，便失去真心，失去真心，便失去真人。""创造力就是童心不泯"……我深信，这是教育之大道，我更深信这是成老多年潜心课堂研究实践所得。

因为，成老自己就是一个最好的验证，因为，他一直站在儿童的立场，用儿童的眼光去看待儿童，他用真心去做真的教育，所以他具有了无限的创造力，并且成为为很多教师敬仰的导师。

跟随大师们的脚步，我的心智不断得到开化，也让我对教育的本质有了更深刻的理解。

2011 年我的第一本书《拿什么送给你，我的学生——追寻有"灵魂"的教育》出版发行。这本全面反映翁牛特旗课堂教学改革实际的教育专著的问世，得到了刘坚主任、郑琰主任以及很多教育专家的极大关注。郑琰主任非常热心地帮我联系出版社，并且让我联系成尚荣所长为这本书作序。

我当时还真有几分惶恐，成老会为我作序？我那粗浅稚嫩的书稿，会不会……我惶恐着，但还是鼓起了勇气拨通了成老的电话，"喂！都老师……"一个温和的声音从电话的那边传来，我把要他为我的书作序的事情说明后，他非常爽快地答应了："好，好，你把书稿尽快寄给我，我马上写。"

很快，成老就把书序传了过来——《翁旗，那片最美的沃土》：

> 《拿什么送给你，我的学生——追寻有"灵魂"的教育》给教育的宗旨、教师的使命下了定义。在新课改理念下，教师作为知识的促进

者、引导者，学生学习的伙伴，拿什么送给学生，让其生命得以蓬勃的生长呢？那就是，教育不只是给孩子知识，不只是知识启蒙，更为重要的是思想的启蒙、文化的启蒙，不只是成绩的关怀，更为重要的是人格的关怀、生命的关怀。用都老师的话来说，这是对教育本源的思考，是对有灵魂教育的追寻。当教育的终极价值定位于生命关怀与灵魂唤醒的时候，这才是真正的教育、良好的教育；当校园的根本意义定位于生命滋养、精神发育的时候，这才是最丰饶的土地，最美丽的土地。

一遍又一遍地读着成老发来的书序，我感慨良多。还有什么比认同更鼓励人心？还有什么比认同更让人温暖如春？

路在脚下延伸，心也愈加坚定。2014 年 5 月我的第二本书《回到常识：探寻课堂教学之真》出版发行。这本书的问世又一次得到很多教育专家的极大关注。

一个雨雾蒙蒙的早晨，我接到《基础教育课程》杂志社编辑刘青松老师的一个电话，他告诉我说：《基础教育课程》杂志社要围绕《回到常识：探寻课堂教学之真》一书的一些核心话题，对我进行一个专访，还需要一篇读者的书评一并发表在《基础教育课程》读书栏目中。我再次拨通了成老的电话，依旧是那个温厚的声音：“喂！都老师……”“好好……恭喜恭喜……”

书评又很快就传了过来——《回到教学的基本问题上》。再一次接到成老为我写的书评，我的心一下产生了强烈的震动，研学路上艰难跋涉，有风雨、有荆棘，也有很多温暖的手伸向你，很多激励赞许的目光投向你，在我看来，这些东西比什么都更珍贵，让人更有力量！

人生就是一个不断修炼的过程 ，也是一个不断被点燃的过程，我在这样的过程中慢慢回到自我，找到了自己的心之所向。心空，也愈加澄明清澈。

当我再次提起笔，去完成我的第三次写作之旅，我的脑海里时常会浮起成老说的那就话：“创造力就是童心不泯。”我坚定地相信：保持一颗童心、真心，无论成功失败，都会安然！

高山仰止

“天行健，君子以自强不息；地势坤，君子以厚德载物。”人们常常用《周易》中的这句话，来比喻那些有着高贵品格的人。在我的心目中，钟启泉教授，就是具有这种高贵的品格的人。

晨雾笼罩下的上海华东师范大学东校区愈发富有浓郁的文化气韵和诗意。丽娃河闪烁着粼粼的波光，静静地流淌着，漫长的林荫甬道两边，华美挺拔的梧桐树在微风中轻轻摇曳，好像在向我们招手致意。

今天，是“E 教研员之家”开班的第一天。这是我第一次踏进华师的大门。

站在这浸透着江南文化的唯美和精灵之气的圣地，我的心被一种幸福和喜悦敲击着。

可以说，此次来华师，我是带着一种朝圣的心情而来，因为华师是我一直向往的地方。更让我雀跃的是，我即将见到一直十分景仰的钟启泉教授。

虽从未见过面，但钟启泉教授丰富的教育思想、开阔的理论视野、深厚的学术造诣和鲜明的性格，曾给我深刻的思想启迪和方向引领。

我是读着钟老的书成长起来的，我读过他的《现代课程论》《三维目标论》《解读中国教育》等。这些书给我的思想以强烈的震撼，让我对新课程改革有了更加深入的理解和认识，也让我们看到了中国教育希望的曙光。

读了他与王策三教授论争的那篇文章《发霉的奶酪》之后，对他老人家更是敬佩不已。他深刻地辨析了有关新课程所倡导的理念，重构了知识观、学习观和课堂文化观，指出我国基础教育改革唯一的出路就是从精英教育走向大众教育，并大声宣告了凯洛夫教育学时代的终结。

他在文章中引用高尔·多夫的话说："以往的课程灵魂必须摆渡到永不回归的彼岸安息，而在此岸的我们则需要新的灵魂。"

这些论争，不但展现了他高超的思辨力、令人耳目一新的新观念，同时也体现了他对中国教育的责任感、使命感。他的坚守、他的精神、他高尚的人格令人肃然起敬。

"高山仰止，景行行止。虽不能至，心向往之。"

不断地走进大师，我感觉自己的思想不断地省悟。当我读到由日本东京大学佐藤学编写、钟教授翻译的《学习的快乐——走向对话》那篇文章之后，我又一次被震动和点化。

我感觉，我当下的所思所想所为，与钟老书中提到的"学习共同体"课堂的理念和实践模式真有几分贴近。所以，2013 年末，当我把第二本书稿完成后，我忽然有一个念头，此书如能得到钟教授的指导和点评那该多好？可是，我离他太"遥远"，在我心目中他就如一座巍峨挺秀、恢宏壮丽、高不可攀的大山，让人仰视。而我只是漠北草原上一株无名小草，怎么可能，又哪有资格够得上让钟老施以点墨？

这确是个痴念，但内心的向往还是让我抱着试一试的念头，联系了当时还在《中国教育报》工作的赵小雅主任。赵主任听了我的想法，也有点吃惊，她说："据我了解，钟老师从不给别人写书序，而且他老人家工作太繁忙，最近身体又不好，这事恐怕希望不大，但我可以试一试，不行再联系别人。"

听赵主任这么一说，我虽有几分失望，但心里还是充满着无限的感激，毕竟，有赵主任这么尽心尽力的帮助和支持，我已经心满意足了。

那几天，我一边和出版社联系修稿的事，一边等待着消息。没过几天，赵主任就打来电话说，钟老师答应给我写书序了，让我迅速把最后的书稿发给她，她好转发给钟老师。听了这个消息后，我喜出望外，迅速地定稿，又迅速地发稿。

2013 年腊月的一天，天空飘着洁白的雪花，我接到了赵小雅主任转给我的钟启泉教授为《回到常识：探寻课堂教学之真》一书写的序言——《课堂里飞出崭新的歌》，见到标题下面的钟启泉三个字，再读着钟教授那些富有深刻的思想内涵的评述以及那些热情鼓励的文字，我不禁潸然泪下，一种感激之心、崇敬之情又一次油然而生。

2014 年 4 月，《回到常识：探寻课堂教学之真》一书如期出版，而就在我拿到新书第三天，在华东师范大学的教室里，我就要见到我的恩师，我心目中十分崇敬的钟教授，并且要聆听他精彩的讲座，我的心情怎能不激动、不兴奋呢？

坐在教室里，我静静地等待着。早晨八点整，班主任张平老师陪同一位个子不高、清瘦的老人走了进来，“这就是钟启泉教授，钟教授是……”张老师开始介绍。我目不转睛地看着站在教室前的钟老，他表情庄重平和，双目炯炯，充满睿智和刚毅。

他开始讲课了，我认真仔细地倾听他说的每一句话，那掷地有声的论述，敲击着我的心灵。我认真倾听着、思索着，“课程改革的理念是‘为了中华民族复兴’。第一是为了每一位学生的发展；第二把‘学习权’作为一个关键词提出来；第三启迪孩子智慧。课改的亮点是化信息为知识，化知识为智慧，化智慧为德性……”

钟教授以一个智者的眼光，审视新课程改革十年来的历程，以一个教育家的良知呼唤教育本质的回归，他的诸多观点犀利又震撼，给人深深的冲击。

中场休息时，我毫不迟疑地走到钟教授的面前，做了一个自我介绍：“钟老师，我是都玉茹，您去年给我的书写过推荐序。”听了我的自我介绍，钟教授似乎有些吃惊，他先是迟疑了一下，然后又像是想起了什么，边和我握手，边问我是不是“回到常识”那本？我说：“是的，我还没有机会向您说声谢谢呢。”钟教授说：“不用的，你的书写得很好，我现在还有印象。”说着他随手拿起桌上放着的一本书说道：“这本书我送给你。”

我仔细一看，是一本蓝色封皮装订精美的新书。封皮上赫然印着“学习共同体课堂观察”“钟启泉译著”的字样，我着实被钟老师的热情和鼓励打动了。

我激动地看着他老人家，然后又请求说：“钟老师，您给我签个名吧！”“好好，”钟老边答应着，边拿起笔，认真地写下“都老师雅正：钟启泉”几个遒劲隽秀的大字。

我把书捧在手里，心里像有无数的太阳照射着，暖得发烫。

2014 年夏天，钟教授应赤峰市教育局的邀请来赤峰讲学，在他来到赤峰第一天的晚宴上，我又见到了他。老人家看见我，亲切地和我握手，然后就询问道：“现在又在写什么书？”我虽然还没有什么具体计划，但还是很从容地回答道：“现在还没有着手写，但已经在构思，等书稿完成，还要请钟老师指导啊。”钟老师非常高兴地说：“好，好，我可以。”

那天晚上我们聊了很多话题，我还给钟老唱了几首草原歌曲，听我们唱歌，他也非常高兴地应和着，脸上充满着无限的喜悦。

谊切苔岑——“牛羊之约”

有一种相逢，注定会成为一种永恒，也注定会创造出生活的奇迹。就如，我们和广州“区域教研学术创新团队”的相逢。

又到8月，时光流转在似曾相识的故事里。

凝眸回首，与广州天河区“教育创新团队”携手已经五年。

五年，天河知道，草原知道：繁星点点的天河，芳草茵茵的草原，汇成一片生命相融的海，置身其中，感受到的是一种深情厚谊。

心手相牵

2010年8月22日，美丽的漠北草原迎来了一批尊贵的客人，他们就是广州市天河区“教育创新团队”的老师们。

热情奔放的张张，文雅帅气的永东，温和沉静的雪萍，真诚厚道的苏红……他们带着真诚，带着天河教研人特有的精神气质，来到翁牛特旗。

也是从那一天开始，我们知道了“天河”，记住了“天河”，邂逅了这些与众不同的羊城来客。

路途遥遥，他们每个人都已经十分疲惫，可到了不久，他们便立即进入工作状态：布置会场、采买培训时使用的物品、研讨活动程序……他们用心去做每一件事情。

在双方共同努力下，一场别开生面的培训活动，在张伟春主任精彩的讲座中拉开了序幕——

“教研是通心力，教研是再生力，教研是心连心 ……”

那是我迄今为止，听到的关于教研的最深刻的解读，也是最生动的解读。

在他看来，教研，绝不仅仅是简简单单的教学研究活动，它是一个交流平台，沟通人心、合作共享；它是一种科学探索，需要求真务实，不断实践；它还是一种精神力量，让爱传递、让心相连、让视界融合。

一个教研员对教研的理解决定他了教研工作的效果。

伟春主任创建了“天河部落”，创建了广州天河区“教育创新团队”。

从他的介绍中我们得知：“天河部落”是一个网络交流平台，汇集了全国各地的教研员、教师、学生家长、学生大约有 54 410 人。

那天，在张张等团队成员的指导下，我们走进了“天河部落”，并有幸成为“天河部落”的一员。

打开“天河部落”，首先映入眼帘的是那铿锵有力的“部落宣言”：

天上银河，群星部落。

天河部落，一个基于 BLOG 技术的教学研究平台，一条联结同仁、教师、学生、家庭、社会的绿色通道。

在这里，技术不是问题，注册后你就拥有了一片天空。

在这里，思想学术才是关键，你可以文会友，学习，内省，分享。

在这里，理想、爱心、执着、平等、民主、开放最重要。谈笑有鸿儒，往来无白丁。

天河部落，一起成长的地方；天河部落，爱心部落！

打开“天河部落”，我们就像打开一个新世界。

整个部落空间，有 931 个群组，文章有 41 万篇之多……

用思想，引领教育行动；用爱心，眷注教育。这是我在伟春身上感受到的一种大智慧。

天河部落，连接着宇宙、连接着智慧、连接着爱心、连接着我们。这是伟春主任创造的教研的境界，也是他人生的境界。

接下来的课程，让我们见识到了每一个团队成员的风采。

永东的科组三人行、张张的微课、孙颖的协作建模学习、王海涛的网络平台支持下的课堂教学。这些课程，不但大开了我们的眼界，也大开了我们的心界。

最受大家欢迎的还有他们的培训方式，一人做主讲，其他团队成员要做助教，他们相互协作、相互启迪。更难得的是，他们会与全体学员融为一体，让大家共同参与、共同体验、共同创造，让大家没有一点距离感和陌生感。

在这里，学习真正成为一种体验、一种情感的交流、视界的融合。它让大家的心贴得更近，也贴得更紧。

心灵与心灵的交汇，会碰撞出智慧的火花，更能引领人的思想和精神走到一个美好的境界。

白日里，大家一起学习、体验、创造；灯光下，草香浓郁，大家又聚集在一起，尽情地舞蹈，尽情地唱歌……欢声笑语飘荡在会场中，飘荡在漠北草原美丽的夜空。

更难忘的是我们一起去看草原。

那一天，整个草原都沸腾了、燃烧了，为那美丽的相逢，为那真挚的情谊，我们热情相拥，一起醉倒在草原。鲜花、绿草、蓝天、白云……与我们一起舞蹈，浓浓的情意流溢在每一个人的心里，挥洒在茫茫草原上，也漫溯到美丽的“天河”。

相逢是一首歌，也是一首美丽的诗。它让每一颗心灵绽放出美丽的花朵。那些饱含深情的培训感言，就是最好的证明。

收获在盛夏：数据监控，让我们的教学由模糊到清晰，由感性到理性，使教育真正成为一种科学。教育就是教会人幸福的生活。孩子

们笑了，春天就到了！（翁旗乌丹六中邢晓茹）

通过学习使我对概念图有了更为系统、深入的认识，结识了“概念图作图”软件，为我由苦力“画匠”变成快乐“画家”增添了一个有力工具，感谢天河部落的培训、引荐、分享！（翁旗乌丹五中谷振辉）

千里迢迢来到赤峰翁牛特旗，热情的翁牛特旗人，用酒来欢迎我们，酒杯装满了浓浓的情意，暖化了我们的心；热情的翁牛特旗人，用情来欢迎我们，我们尽情舞蹈、尽情欢唱；热情周到的照顾，让我们宾至如归，欢声笑语总萦绕在我们耳旁。胸襟像草原一样宽广的你们，豪爽直率而又幽默的你们，让欢笑包围了我们，我们快乐得飘上云端，我们快乐得不舍得离开……（天河区教研室郑雪萍）

有一种相逢，注定会成为一种永恒，也注定会创造出生命的奇迹。

天河—草原，草原—天河，已经融为一体。

临行那一天，伟春主任激动地说：“翁牛特—羊城，羊城—翁牛特，这是‘牛羊之约’，就让这约定成为永恒吧！”

好啊，这就是我们的约定，是天河与草原的约定，是永恒的约定。

永远的天河之星

天上银河，群星闪烁。天河—草原紧紧相连。

在匆匆的时光里，我们这两个群体里的每一队员，虽然各处一方，却心意相连，彼此摇动和召唤。

在创新团队，与我们交往最多的是伟春主任。我常常通过网络与他联系，与他交流有关教育与教研的一些思考和做法。

他的言词简洁、精确、明了，而且带着深深的启发性，让我从中受到很多的启迪，也让我对他有了更深的了解。

伟春，是“天河区教育创新团队”的领袖，也是这个团队的创始人，是广州市教育系统首批创新学术团队负责人。

2014 年，他的著作《教研新界》出版发行，他在《教研新界》的后记中写道：“‘一蓑烟雨任平生’是对十年来教研道、法、术不断探索的写照，而‘也无风雨也无晴’又可以反映我的天然心态，无须留恋，得之泰然，失之泰然，探寻内在。”

好一个“得之泰然，失之泰然”，这是一种修为，一种格局。这种修为和格局，更多源于他潜心的运思与修炼，源于他对教育的懂得和热爱。

他开发的培训课程“校长课程领导力”“混合式学习”等，具有很大的影响力，为很多校长和教师所称道。

每次分享着他的这些实践成果，我都会受到很多启发，也愈加敬佩这位执着的拓荒人。

伟春十分推崇苏东坡、王阳明等，他的网名为“南坡 Gz”，他把东坡先生当成自己的人生楷模，不断修炼自己。他的豪气、大气，坦然、超然，境界的高远、高妙，都与他多年追寻东坡先生的精神境界有关。他的“知行合一”，他的“自由宽阔”，又与他多年信奉王阳明先生有关。

一个人的心之所向，决定了他的境界，更决定了他的未来。这是伟春给我的又一个启示。

伟春主任是一个徒步爱好者，他和他的“驴友”们，多年坚持徒步行走，攀山越岭、挑战极限。他说：“一个人选择行走不是因为寂寞，不是因为欲念或者诱惑，仅仅是因为，听到了心底的声音。在静默的风景中，在繁复的步履和攀爬中，瞬间将自己净化为零。行走，在某一片刻，是近乎宗教的虔诚。世界是如此简单，快乐是如此纯粹。”

这是生命的一种极高境界。

永东，在天河部落众多的明星里，他一直是令人瞩目的一颗，也是最值得我们称颂的好教研员、好朋友。

在与天河区“教育创新团队”结识后的几年里，我和永东一直交情甚笃，也得到过他很多的帮助。

永东多年潜心数学教研工作，他的“‘三段六步’数学复习教学模式”项目研究，曾获天河区首届教学成果一等奖、广东省义务教育数学教学教研优秀成果奖。他的“‘科组三人行’教研社群模型”项目研究更是成效显著，还出版了专著《科组三人行教研社群活动实践与创新》。这是他多年集腋成裘、深入研究的结果，但他每次都毫不保留地分享给我们，在他的引导启发下，我们的研修水平也不断提高。

除了分享他的教研成果，我们还经常向他讨要一些关于教育教学方面的资料，包括一些前沿信息等。每一次，他都尽量去搜集、寻找，然后发给我们。只要是他能做的，他都尽量去做。他说：“分享才有价值。”这就是永东，热情、真诚、敦厚、善良、达观。他曾在自己的微博中写道：“追求‘洁净、精微、宽正、沉潜’的教研。我坚信：在阳台植一片绿，用心灌溉，一起享受阳光，经春夏，度秋冬，必将开出美丽的花朵，即使它不会开花，也将成为世界上最生动的绿色。”这是永东的教研之道，也是他的为人之道。

永东，是一个十分重感情的人，真心、真情、真诚，让他在每一个群体中都成为最让人信赖和难以忘怀的人。

记得第二次来翁牛特旗离别后，他发给我们这样一条短信："不论是相见的最初或现在与未来，你给的豪情我都会好好保留，也请你答应：情谊牵手共婵娟，牛羊相约永铭心。"情谊至深，溢于言表。

永东不但对朋友付出真情、真心，更对妻子挚爱有加。他们夫妻情深，比翼双飞。这一点也更令人称道和敬仰。我曾看过他写给他妻子的诗：

在那冬，
我拒绝西子的漾动，
因为我遇见了纯情的眼眸。
从此丽娃告诉我，
你是我最深最深的恋。

在那园，
我抑住内心的浮漾，
因为我觅见了纯情的笑颜。
从此长风告诉我，
你是我最后最后的恋。

这是他写给爱人的诗，也是他写给真情的诗。永东的诗，很美很美。他的生活也是如此充满诗情。我经常在网上看到他发的一些学习、生活图片，优雅、恬淡、充满诗意和浪漫情怀。

那是他自然流溢的精神之美、文化之美，由内而外、厚积薄发的人性之美、激情之美。

张张，是广州市天河区的一位小学语文教师，原名"张惠平"，2008年加入创新团队。

与她接触过的翁牛特旗的教师们，都能够记住她的名字，记住她美丽的身影，记住她那精彩的主持和课程展示。

来翁旗之后的日子里，我们联系不多，只是在网络上偶有交流，但却有心音相通之感。

我知道，她多年从事小学语文教学工作，是一名非常优秀的小学语文教师。

“她每天读，我每天听。于是，每晚跑步时，耳边便是她清脆的童音。从 8 月 25 日到今天，近 5 个月，143 天，从磕磕绊绊到通顺流利，如今，朗读已是她生活的一部分。今晚，我对网络一端的孩子外婆说，也许我们在做着一件改变孩子世界的事，一起坚持、等待。”

这是我在网络空间看到的她的一段日志，读之令人感动。

张张爱她的团队，爱她的孩子们。她还喜欢徒步，喜欢歌舞。

作为团队中的一员，她给自己的定位是：“在团队中，我是被擦亮的微尘，在教室里，我是擦亮星星的点灯人，感恩一切。”

作为一个行者，她的志向是：“人的一生是一段旅行，我愿是个旅者，或踏歌而行，或对云枯坐，然而，我选择做一个行者。”

作为一个教师，她的信念是：“用一生的时间，做影响孩子一生的好老师。”

正因为这样的定位、这样的志向、这样的信念，她收获了生命的芬芳。

她感言：“当我走过更远的路，爬过更高的山，我发现，我的双腿越来越结实，我的心跳越来越有力，我终于可以伸上手牵引身后的同行者。”

十年间转山转水，研学研心，有人问她：“你不累吗？”她说：“我看到了远方，比远方更远的太阳和梦想。”

教师，只有纯真才能沉浸教育之中。

这是我在张张身上得到的启示。

或许，支撑她努力前进的，就是这份纯真，这份简单和纯粹。

放下手中的笔，移步至窗前，遥望夜空，一挂天河，依然繁星点点……

从伟春、永东、张张身上，从创新团队的每一个人身上，我看到：是他们打造了一个优秀的团队，而这个团队，也成就了他们每一个人。

一个优秀的团队靠什么来支撑？是精神、是文化。

“做最好的自己，让别人更伟大。”这就是“创新团队”的精神气质和团队文化。

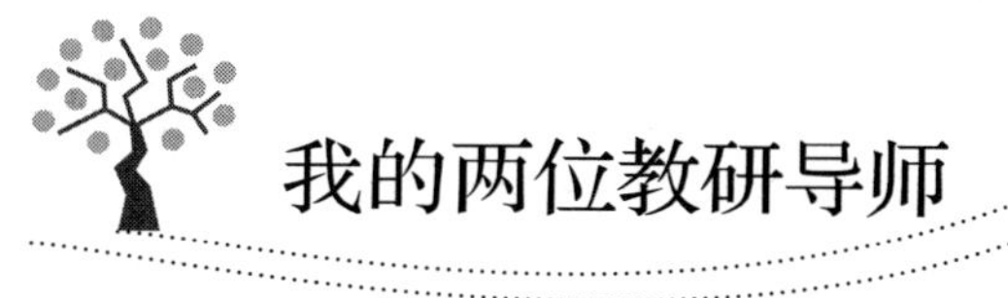

我的两位教研导师

教研员，是教师的教师，要用全部人格引导人。

我的导师王为民，是一位语文教研员。他当过民办教师，当过木匠，还当过大队书记。我去教研室那年，他还有四年退休。

我和王老师一起做小学语文教研工作。我教了两年高中语文、十二年初中语文，对教研工作，我是个新兵，做小学语文教研工作更是新兵。为此，我常常有一种无所适从的感觉。

王老师鼓励我说："我听过你的课，你的课讲得很好，你是个优秀的语文教师，你也一定能够成为一个优秀的教研员。"老师的话对我来说，是一种鼓励，更是一剂镇静剂。他懂我，因为，他不止一次地接触过像我这样的教研新兵。

他喜欢读书，也鼓励、督促我读书。他告诉我："教研员要做个阅读者，厚积才能薄发。读书，不但要理解内容，更重要的是，把它和你的教学实践联系起来去思考，有些重要的内容还要背下来，慢慢内化。"他给我推荐了很多书，苏霍姆林斯基的《给教师的一百条建议》，《叶圣陶文集》，邱学华的《怎样用尝试教学法上课》等，我的教研之旅就是从阅读这些书开始的。我从中汲取营养，感觉眼前的世界渐渐大了起来。

我跟随他走过很多学校，和他与一线教师一起备课、听课、研讨。每次给教师评课，王老师总会先指出优点，对教师进行鼓励，然后认真给教师分析课堂中存在的问题，再一一梳理出解决这些问题的方法、策略。他的态度非常谦和，和老师们交流起来，情绪激扬，有启发性。他关注课堂中的每一个环节，特别关注学生的学习状态。

这些，都给了我很多启示。

他指导引领全旗的多项实验课题研究，如“小学语文教学整体改革”实验研究、“分类教育、动态管理”农村办学模式改革等。这些课题，内含他的教育思想和主张。他告诉我，做课题研究，需要深入细致地研究和实验，需要坚持、有钻研精神。在组织全旗“小学语文教学整体改革”实验研究阶段验收时，每到一所学校，他都要检查孩子们的阅读和口头作文情况。每次看到孩子们的精彩展示，他都会非常兴奋。那段时间，我们有时几周都工作在基层学校，他似乎从来都不知疲倦。他心里牵记着学生，作真研究，不浮夸、不粉饰。

2002 年，新一轮基础教育课程改革在全旗拉开了序幕，已届退休的王老师一马当先。他说：“课改，是教育的大事，关系每个孩子一生。教研员的工作，牵一发而动全身。我们首先要占领理论高地，为老师们把握好方向。”于是他带领我们深入学习《走进新课程》、学科课程标准，围绕这些学习，组织开展各种学习研讨活动。理论考试、理论答辩、课例研讨……每天都忙个不停。晚上下班或者下乡回到家里，除了要撰写材料，他还要照顾 90 多岁的老母亲。他给母亲洗衣、梳头，有时还要把母亲背到外面晒太阳。

我和王老师一同做小学语文教研工作，他一直以长者的姿态，关心我，鼓励我，包容我，指导我。后来的很多语文教研活动，他都让我做主持，他和老师们坐在下面听。我知道，王老师是有意把我推到前台，也就是从那个时候，我开始崭露头角。

他期待我的成长，期待后面的路有人继续走下去。我把这个接力棒接了过来。我下决心要坚定地走下去，我深知自己的学识还很浅薄，必须好好修炼。

我的另一位导师曲龙，也是我十分敬重的一位师长。他是赤峰市教研中心的中学语文教研员。他饱读诗书、学养深厚、阅历丰富，具有持重、刚直、谦逊、自信、豁达的品格。他的博学、他的操守、他对教育教学独到而深刻的见解、他的身体力行，在全市可谓独树一帜，深得很多同人的认可和钦佩。

我和他接触的时间并不算多，但他却给了我很多的帮助。

他精通古典文学，研究过古代历史文化，更对哲学思想有过深入的学习和研究。他的阅读的信条是：读书就要读经典。在翁旗红山中学，我曾向他讨教读书方面的一些问题。说起这些，曲老师口若悬河，他给我介绍《孟子》《老子》以及周国平的哲理散文等，给我推荐鲍鹏山的《风流去》，傅佩荣的《哲学与人生》，周国平的《安静的位置》《人与永恒》，马斯洛的《人性能达到的境界》。我知道，这些都是浸透在他骨子里的东西。在他面前，我感到自己的狭隘和肤浅。但正因如此，我对读书有了明确的认识。

在老师们眼里，他是一个优秀的演说家。他的讲话高屋建瓴、生动活泼、酣畅淋漓。他朴素、幽默、诙谐的语言风格，常常逗得大家哄堂大笑。他开讲座，不用发言稿，不用 PPT，但让人听起来却入心、入脑。

印象最深的是他给全市教研员培训。他讲到目前教育教学存在的问题：浮华、违常识、违人性，据理而论，言之凿凿。讲到教师的专业成长的重要，言语间流露出对目前中国教育的担忧，对教师的期望。我听过的培训不少，但这样接地气、启人深思的不多。

记得第一次听他上课，是在翁旗红山中学的小礼堂里。那天他是受约来给红山中学语文老师做培训的，自己执教，让其他教师在下面观课、体会。这是他为教师培训的一种方式，而我那天是专程去听他给学生上课的。

他执教的课文是《伯牙绝弦》，他的课很简单，先与学生聊天，问孩子们读过哪些书，可以给大家讲一讲；问大家对“知己”一词怎么理解，说说自己的看法；他还问孩子们，平时怎么用新华字典等。孩子们很热情，据实回答。接着他就让孩子们去读课文《伯牙绝弦》，一遍又一遍，他自己也读，十分投入。读了大约十几分钟，他问孩子们，读了几遍书，读书时想了没有，想了什么，有什么不明白的等。孩子们好像还不太适应这样的方式，简单的几个问题，却答得没头没脑。或许，这正是曲老师要暴露给大家的问题。于是他就给孩子们介绍：语文课，首先要学会阅读，边读还要边思考，有时还要把思考的内容记录下来；遇到不会的问题可以查查字典，或者问问同桌。

他交代的也很简单，交代完还是让孩子们接着读，读完找同学在全班朗读，自己的思考记录在笔记本上，然后带着课后的那几个习题去讨论。

一节课结束了。大家围在一起讨论，我从中梳理了关于这节课的几个特点：孩子们沉静下来了，孩子们读起来了，孩子们有自己想要说的话了，孩子们开始深度思考了，孩子们有意识地运用工具书了。

曲老师告诉我们，课堂的这种状态，正是我们每个教师应该去追寻的。语文课，就是要把更多的时间还给孩子，引导孩子们去读、去思、去表达。在这个过程中，孩子们就会慢慢少了浮躁、幽闭，多了文气、雅气、志气、精气、大气，这便是语文学科素养。

这是他最重要的教学思想和主张，是他的教学之道。

闲暇的时候，曲老师喜欢说嗑。他说起嗑来也是滔滔不绝，加之语言丰富、见多识广、幽默诙谐，所以有时听他说嗑也是一种学习。

节假日，他会辅导一些孩子，但他从不收费，他把与孩子们的交流当成一种体验。

他是用全部的人格在教书育人。

现在，我的两位导师一个已经退休，另一个很快也要退休了。研学路上，能遇见他们，是我的幸运。从他们身上，我看到的不仅是教研的智慧，还有一种修为。

教研员是站在教师队伍最前列的人，当好好修为。

课改路上

梦起航的地方，一定聚集着力量。2008年，翁旗深化课堂教学改革全面启动，它召唤着龙乡的几千名教育工作者，向着希望和梦想，进发。

她，真的变了

薛文彩，是一位普普通通的小学语文教师。新一轮基础教育课程改革在翁旗启动后，她正在翁旗五分地总校教语文课。

五分地总校，是翁旗的一所课改实验校，校长赵全新是个十分有教育理想的人。他积极倡导课改，但五分地总校是一所农村学校，师资结构老化，很多教师的观念都比较陈旧，要改变现有的教学状况十分不容易。赵校长一次又一次地把教研员请到学校去，听课调研，研究对策。我们的方案是：先抓好几个实验班，然后以点带面，循序推进。语文实验班定了两个，其中有一个班就是文彩老师任教的班级，五（二）班。

参加实验的教师开动员会，让大家谈想法。没想到大部分教师积极性都不高，尤其是薛文彩，动员会没开完，她就找到我说："都老师，你先找找别人吧，我真干不了。"那表情，是一百个不情愿。听她这么说，我心里不高兴，但还是耐着性子和颜悦色地对她说："你不是市级教学能手吗？怎么会干不了？总要先尝试一下，我们帮你一起做。"她看推不掉，就坐在一旁不说话了。看得出，她还是不情愿。

一连两个星期，我们一起研课、磨课、培训。她虽然也和大家一起研讨，但总不够主动。有一天，我告诉她，我要去听她的课。她连声拒绝："不行不行，我还没准备好。"我说："准备啥样算啥样。"我如期去听课，我和她一同走进班级，孩子们看有老师来听课，鼓掌欢迎。她开始上课，按着我们之前研课的基本程序按步进行，预习—交流—展示—拓展—小结。孩子们表现还不错，他们一会儿读书，一会儿小组交流，一会儿在全班展示……但我总感觉有些不舒服，他们好像有意无意地在钻一个"套子"。好的课堂，不应该是这个状态。

课上完了，我让薛文彩谈感受，她有些茫然，随口便说了一句"别扭"。

"是别扭，连你自己都没投入进去吧？"

她没有回答，脸却红红的。

大约过了一个星期，我们又去五分地总校听课。刚到赵校长办公室不久，薛文彩进屋了。"都老师，这次再听听我的课吧。五（三）班，第二节课。"她边说着，边微笑地看着我。我有些诧异，怎么这次这么主动？我当即答应下来。

带着一种异样的心情，我走向五（三）班。课改以来，还是第一次有教师主动要求我们去听她的课。

我走进班级，同学们照例鼓掌欢迎。但孩子们的精气神不一样了，那眼神是放着光的。教师的精气神更不一样了，她是微笑着的。我看到了，那眼睛里，有温度。

那节课，我没有记笔记，而是站在孩子们的身后，听他们和教师一起读、一起说。我有些激动，有一种东西在心中升腾着。

后来，我又走进她的课堂，听她执教《老人与海鸥》："老人爱海鸥，不管风里雨里，他每天给海鸥送食吃；海鸥爱老人，老人死了，海鸥为老人送葬……”

那是一个动人的故事，那个故事，在那个班级里，已经变成一个真实的场景。师生激情诵读，与海鸥一起沉浸在悲痛中。师生挥笔书写，表达自己的所思、所感。他们都是动情的。

我被感动了，被那个老人、被那群海鸥、被薛老师、被那群孩子，感动了。

这种感动，让我醒悟。

我曾不止一次地想：如何提升教师的专业素养？如何设计有价值的教研？思考的结果令人感喟。我们做了那么多的培训，搞了那么多的教研，推出了那么多的课题研究项目，而我们的课堂依旧死气沉沉，我们的很多教师依旧没有多大改变。

直到这一天，我才有了些许感悟：教师的专业素养和文化底蕴是难以培训和灌输的，靠的是日积月累的浸润与孕育。有价值的教研首先要唤醒教师的内在需求，引导教师实现心灵的转向。当教师学会反省自我的时候，就会发现自己的价值意义，也会发现自己的不足和努力方向，把能量释放出来，输入新的元素，自我的力量就会慢慢强大。

薛文彩和这些孩子的成长就印证了这一点。

她在《乐做一朵小花》中写道：是孩子们让我体会到成功的喜悦，是课改让我的心灵有了一片翱翔的天空。

从薛文彩及这些孩子的成长，我看到了自我力量的强大。

优雅前行

课改的实施，让我有了更多的机会行走在教师中间。我渐渐明白，对于一个教师来说，什么才是更重要的。

2007 年 11 月，我和几位女教师去翁旗的毛山东小学送教。出发的那天下午，天空正飘着雪花，伴着雪花轻盈的舞蹈，我们从乌丹出发了。

汽车载着几个快乐的天使一路往北，大约有半个小时的路程，雪大起来了，当汽车行驶到四道丈房后梁的路段，车轮开始打滑了，而且越往北汽车行驶越艰难。这段路是翁旗北段最难走的一段路，加上雪大路滑，再走下去会有危险。司机盯着前方的路说："怎么办？不行就回去吧？"几个女教师一齐把目光投向我，我知道，她们是等着我拿主意。我迟疑了，继续走下去，老师们的安全不能不顾；可不走，一个乡镇100多名教师第二天等着听课呢。老教师马淑艳看出了我的心思，她沉稳地说："走吧，我看没问题，过了这道梁，路就好走了。这段路我们下车走着，我们的车小，车陷住时我们帮司机扒扒雪、推推车就过去了。"年龄最小的李芳芳老师也兴奋起来了，她说："好主意，我正找不到机会踏雪呢，也好找找灵感，我明天就讲《第一场雪》。"其他两个女教师也都用坚定的目光看着我。我被深深感动了，挥手示意司机："走。"

就这样，我们几个女教师跟在汽车的后面，迎着纷纷扬扬的大雪，走几步、停一停、扒扒雪、推推车……坚定地向着目标进发。裤腿湿了，手冻麻了，腿走酸了，没有人在意，大家仍然有说有笑。路两旁的人们，都用一种异样的目光，看着雪地里走过的这几个女教师。活泼的小张边走边大声地唱起来："你那里下雪了吗？面对寒冷你怕不怕？"笑声、歌声，穿过茫茫飞雪，漫过我的心头，回荡在幽远的山谷。

到了毛山东小学，已经接近晚上了。校长和老师们热情地迎了出来。一些教学点的老师也冒着雪赶到这里来参加培训。我当时就想，我们的坚持是正确的。

在全旗搞课例培训的那段日子，我们教研员和老师，每次都是天刚刚放亮就出发，到了讲课的学校常常是顾不上喝一口热水就匆匆赶到教室。在那样寒冷的冬季，住惯了楼房的女教师们，晚上住在办公室或招待室里，经常冷得两个人挤在一个被窝里相互取暖，但她们都努力坚持着，没有一个人掉队。晚上，只要大家聚到一起就有说不完的话题。有时，讨论课，一讨论起来就是两三个小时。有的老师早晨三四点钟就从被窝爬起来备课、制作教具。这些事，我都和他们一起做，也就是在那个时候，我慢慢走近他们，爱上他们。

精神开花了，生命之树才能蓬勃生长。研学路上一路走来，我最大的收获就是懂得了精神成长对一个教师的重要性。

精神气质是我们身上最重要的“教育资本”，它是一种力量。我们每一个人，都需要这种力量！

由此，我也更加期待我们的每一位教育工作者，认真思考如何改变教师的精神生活品质，让教师的精神生活自主、自觉，在保持独立人格的同时，兼顾优雅、品位、博大和力量。这，才是教师专业成长的核心。

仁者爱人

“凡成大智者，定先有仁爱之心。”这是我从魏雅君先生身上，得到的启发。

魏先生，是北京弘医堂中医院的一位女医生。我和她第一次见面是在2012的春天。

听朋友介绍说：北京弘医堂中医院，有个老中医叫魏雅君，医术高明，对女性病颇有研究，我那次去弘医堂就是奔她去的。

在大堂办好就诊手续，拿了号码，在导医引领下，我来到一个诊室前。“博雅斋”三个字映入眼帘。导医告诉我说，这就是魏先生的诊室，你可以在这休息一下，等到喊你的名字你再进去。

我在诊室门口对面排椅的一个空位上坐下来，那是唯一的一个空位了。长长的排椅上，已经坐满了候诊的人。年长的，年轻的……看得出，有很多人也是从外地赶来的。

“这么多人来就诊，看来真是一位名医”，我心里这样想着，抬头看见诊室的墙壁上，挂着很多面锦旗：“白衣天使，妙手回春”，“心系羸弱，为民解忧”……

我又多了一份敬意和期待。

终于喊我的名字了，我立即起身，轻轻走进去。

只见一位精神矍铄、神采奕奕、端庄静雅，七十岁左右的白衣女医生端坐在那里，她的背面是一幅巨龙飞舞的图画，身旁安放着一盆正在盛开的白玉兰……

看我走进来，她微笑地向我摆摆手，并示意我坐在她的身边，然后将右手轻轻搭在我伸出的手腕上。

那手，好温暖……

“你是赤峰人？”“是。”“赤峰是个很美的地方，我去过那里的草原……”她边给我把脉，边与我聊天。那声音很轻，很柔——我静静凝视着她，她的目光，温暖而深邃。

“你的脉，细而沉，从脉象上看，是肝气不舒所致。”她边说着，边让我换另一手放在脉枕上。她那温暖的手，又移到我的这只手腕上。

屋里，很静……我再次凝望她那张和蔼可亲的脸，宁静、深远……她，好像在听，我想她是听到了我心动的声音——

“女人，要学会爱惜自己，要学会看开，闲暇的时候，要多读读书，旅旅游，这些都是很好的理气和健身方式。”她像是在和我聊天，更像是给我讲医理。

这是我第一次，这么久的时间，和一个医生交谈。也是第一次，遇见一个医生，用这样方式给病人诊脉。我的心感到无比的清爽、通透……

后来，我们还聊了很多话题，聊工作，聊写作，聊她心目中的大草原……

聊起她的写作，老人家愈加精神振奋，她让助理师把她最近发表的四本散文集拿出来赠予我，并当即挥毫赠言，我好生感动，仰慕之情油然而生。

《剑胆箫心》《碱蓬草》《清泉谷》《医理与人生》，多好听的名字呀！随手翻阅几页书目：“寻寻觅觅是真淳”……文未尽，心已被深深吸引——

带着魏老的书，我走在杨柳吐绿、春意盎然的京城小路上，想着临别时魏老嘱咐我的那些话，心情更是愉悦。“好好读书、好好工作、好好做女人，要快乐，要好好爱自己……”这，多像一首美丽的诗。

从北京回来后，我多日沉浸在魏老的书里，那带着兰香的文字中所蕴含的唯美的趋向、温柔的气韵、深沉的思考和真挚的情感，常常让我感动不已，也让我更加了解了这位圣母般的白衣天使。

魏先生爱书。从古典诗词到现代名著，还有哲学、中医药学等，都是她崇尚的读物。她在“寻寻觅觅见真淳”一文中写道：“没有书籍的世界，犹如没有绿洲的沙漠。遨游书海，就像涉渡在人类历史的长河中。”她做批注，写读书心得，她把书读到心里，让书香浸润灵魂深处。

魏先生爱花。她的诊所、居室、院落，处处溢满花香。她常常与花对语，动心、动情。

一个爱书爱花的人，可以想见，她的内心世界是何等的灿烂明丽！这是一种优雅和高贵。

而作为一个医生，她更是以仁心、仁术，救治病苦，赢得人心。

四十多年奔走杏林，从国内到国外，她接收过无数的患者，每一个病患都是她的牵记。她用温情，去疏解病体恹恹的抑郁症患者内心的沉郁，使她慢慢振作起来。在伦敦街头，她为一个拉手风琴为妈妈募捐的小男孩而感动，无偿为她的妈妈诊治皮肤病。“弘国医济世，奉仁德待人”；“倾听是爱，也是医德”。这些，不是魏先生为写作而选用的文辞雅句，而是她精神风貌的真实写照。

爱书、爱花、爱人、爱事业。魏先生，是用爱，书写着自己生命的乐章。

在一本杂志上我还得知，魏先生还是个教师，她在北京中医药大学任教，带过无数名硕士生、博士生。说起中医学教育，她曾意味深长地对记者说：“当今的学生注重外语，不注重经典著作。背单词，不背方剂，更何况四大经典，这是不对的。学生不仅要懂医学，也要懂人学。所谓‘弘国医济世，奉仁德待人’，因为医学的端口连接着人的生命。医学的境界是真善美：‘真，解决客观规律；善，解决道德价值；美，乃是通过有意味的形式去表现真和善’。”

“一语天然万古新，繁华落尽见真淳”，透过那质朴的文字，我看到了一个真淳的世界。

什么是真淳？

是直率、质朴；是善良、真情。魏先生一生都在寻觅真淳。

她在书籍里，在亲人和朋友身边，在浪迹天涯的步履下……寻找人性的质朴与纯真。在祖国的大好河山面前，在温婉柔美的旖旎风光里，享受大自然的曼妙和纯然韵味。

读魏先生，还让我们体认到为医为人之道。魏先生高超的医术，建筑在深厚的学养和丰富的实践基础之上。自然，仁心当在首位。

仁心仁术，是为仁医。仁心仁术，亦为仁师。

我想，做教师的，也更要不断修炼仁心仁术，这样，方可成为仁师。

沉思的花瓣

孟子有言：“人人有贵于己者，弗思耳。”

沉思，让思想的疆域无限伸展，智慧衍生。

且读且思，且行且思，思之愈深，则心愈清明。

教育就是要培养拥有独立之精神、自由之思想的人。让每一个孩子，善思善言善行，不去盲从，不被束缚，敢于质疑，勇于坚守，从而培养其独立的人格。在沉潜的运思中，寻找生命的方向，守护人生那些永恒的价值——智慧、美、公正、自由和爱。

心灵之舞

人最能安然栖息的，是自己的心灵。给心灵一块园地，让心静默舒展，自由旋舞……于此，触摸生命的灵动，了悟世事沧桑、理蕴，让生命更清澈、宽广、通透。

凝望阳台那盆盛开的杜鹃，许久许久……

绵长的思绪爬上葱郁的叶脉，爬上含苞的花蕾，爬上杜鹃每一片绽放的花瓣。一缕缕春光从从容容地从窗外斜射进屋里，钩沉着我的思想。

就这样静静地站立，就这样静静地凝视——

渐渐的，我被那粉红的气息包裹了、浸染了，忽而感到，那灿若红霞的杜鹃啊，每一朵花里都流动着我生命的血液。

“一花一世界，一树一菩提。”每个人，都会用心经营一方属于自我的田野。在这个喧嚣与浮躁的年代，在这个人际疏离、众声喧哗的年代。也许，唯有心灵可以保守一方宁静的净土，给真诚以守候，给情感以温润，让爱有一份纯粹，让诗心有空间舒展。

我终于明白：为什么自己常常愿意离群索居，独守一隅，静静地梳理心事。原来就是为了寻一方心灵之境地，在心灵里找到那个真实的自我，不必涂红、不必着装，给自己一个透气的窗口。就像此刻，在与一树花的对视中，聆听它的枝叶和根须的伸展，欣赏它生命绽放时的美丽。自己也仿佛成了一瓣花，心随之灿烂，那片粉红便定格在生命的记忆里。

曾经那么喜欢史铁生的文字，特别是他的《我与地坛》，从那里我听到了那位精神贵族与地坛、与生命的对话。

谁又能把这世界想个明白呢？世上的很多事是不堪说的。你可以抱怨上帝何以要降许多苦难给这人间，你也可以为消灭种种苦难而奋斗，并为此享有崇高与骄傲。

但是太阳，他每时每刻都是夕阳也都是旭日。当他熄灭着走下山去收尽苍凉残照之际，正是他在另一面燃烧着爬上山巅布散烈烈朝晖之时。那一天，我也将沉静着走下山去，扶着我的拐杖。

生命何其美好，又何其短暂。“每一个不曾起舞的日子，都是对生命的辜负。”史铁生深谙其理，所以，他“流连万象之际，沉吟视听之区；写气图貌，既随物以宛转；属采附声，亦与心而徘徊”。他用心去活，去发现、去洞见、去描绘。

一个身体的三分之二都瘫痪的人，他的人生大部分时间，身体都被限定在轮椅上，但他却是一个真正能够拥舞生命的人。

苦难对于他来说是一种磨砺，他也正是在这种磨砺中，解悟了生与死、残缺与爱情、苦难与信仰、写作与艺术等重大问题。

好书，总会给人以巨大的精神洗礼，甚至，把人渡向希望与明净的彼岸。读史铁生的文字即是如此。它让我穿越心灵的沙漠，走出精神的贫瘠与荒芜。从那时起，我生命中所有的潜流，似乎都被摆渡出旋涡，一个赤裸裸的原生的我，被通体照亮，那些生命中的枝枝节节，都回归到自然之态。

无数次地叩问心灵，无数次地收集过往，将之一一回望，也无数次地思索我久治不愈的忧郁，原来是因为在自造的孤独和阴冷中，走得太久，以致冻裂了柔软的心肺。

“读书是为了遇见更好的世界。”读史铁生，不但让我遇见一个更好的世界，也让我遇见了自己。这种遇见，让我有机缘去看清自己、修正自己，有机缘洞见到生命的真相，洞见到生命的理趣。

坐在轮椅上的史铁生，可以在秋天里从容地去北海看菊花。从他的文字中我能体会得到：他的内心充满着对生命与自然的崇敬、热爱，还有无限的感恩之情。正是这样的一种情怀，让他活出自己，活出了生命的一种高度、一种境界。

后来，我听《感恩的心》那首歌，那个瞬间，怎么也无法抵御它带给我的撼动。那个聋哑女孩和她妈妈的故事，牵起我生命最深切的感动。

"感恩的心，感谢有你，伴我一生，让我有勇气做我自己……感恩的心，感谢命运，花开花落，我一样会珍惜……"那生动的音韵，流动在我的生命里，承载了我的忧伤，让我心灵有了一片澄明的天空。

忘记了是哪一片雪花儿，打湿了我的肩头。从此，我便扛起雪儿的誓言。每到冬季，总有一份莫名的触动，我常为自己预设踏雪寻梅的情致，而事实上不是少了雪的际遇，就是没了心与雪的默契。也祈望此生有爱，并决定要去深刻，而在匆匆岁月的流里，宿命的情感与预设中的情致同样可遇不可求。

于是，将心情放逐，又如此这般将自己深埋。那如潮的期盼便弥漫在飞雪的苍茫中，落入心底。

忽然想提起笔，将一曲曲心舞编制成美丽的诗行，又陡升感怀："信念绽露出瞬间的极致，让一种执着风华绝代。"

在自己的心灵舞台上，我会走得更远，甚或超越生命的企及。因为我还在思索，心灵的帷幕又徐徐拉开，我已经隐约听到了心灵舞蹈的声音。

让写作成为生命的表达

也许，我们活着，只对一件事情负责：从岁月中抽出生命的丝，那份倾吐，就是自我的意志、情感。我用它，织起一片风景，召唤月光和环绕我的太阳……

语言文字，是开在心灵上的花朵。

每一段文字，都有血，有肉，有温度，有脉搏，有情感，有灵魂。因为，那些文字，是从作者的心底流淌出来的。

我喜欢写作，大抵，也是因为这个缘故。

用文字来寄托我的情感，承载我的忧伤，表达我的感想……

周国平先生说："我写作从来不是影响世界，而是为了安顿自己，我的所思所写基本上是为了解决自己的问题。"

我无法与周先生相提并论，但他的话，却唤醒了我对自己写作的记忆。

我从小喜欢写作，但让我非常惭愧的是，我从没写过一篇像样的文章。

更糟糕的是，参加工作后，我几乎与写作分开了。我既不读书，也不写作，即使有所读、有所写，也纯属是被逼无奈，或带有极鲜明的功利色彩。那样的写作，不但没有意义，而且极其痛苦、索然无味。

一个不读书、不写作、没有精神家园的教师，会是一个什么样的教师？我那时竟毫无所知。

生活总能给人很多出口。偶然的机会，我走进了“红袖添香”——一个可以阅读、可以抒怀的网络空间。

那段时间，我正经历着人生的最低潮，生活杂乱无章，没有方向，找不到光亮。愤懑、忧伤、无奈，常常让我陷入无限的迷茫、苦闷和苍凉之中。

有了“红袖添香”，我暂且找到了一个可以沉静一下的地方，也算给自己的心灵找到一个栖息地，我把它叫作“心园”。

就在那里，我开始了新的阅读和写作之旅。

我的笔名叫寒蔷薇，因为我是四月出生，蔷薇代表四月花。寒，是寒冷、冰冷的意思，我那时用了这个“寒”字，大概就是用这苦寒之意来代表那时凄冷的心情。

我开始发表作品了，在那个无人知晓的地方，诉说伤感，表达愤懑，寄托忧思……其实我更多的是和自己对话，和生活对话，不断地去触摸自己、阅读自己。

人在沉淀下来之后，觉察能力就会慢慢生长，也更容易看清自己的内在以及生活的原貌，这些认知，自然便成了我写作的材料。我的文字渐渐开始向阳生长，因为我的心里不断有阳光照射进来。

把对生命的感悟，转化为一种文字的艺术，带给人心灵和情感的共鸣，这就是写作的魅力。它会使人逐渐走向成熟，同时也会把人的思想带入一个广阔的天地中。

我感谢那一段生活，它不但让我再次学会了阅读和写作，也让寒蔷薇完成了生命自我的救赎。

融进阳光的日子，才能开出绚丽的花朵，2007 年，我的事业之树也开始枝繁叶茂，我没有更多的时间去耕耘我的“心园”，但我珍惜在那里度过的每一个日子，珍爱留在那里的每一段文字。

遗憾的是，由于后来“红袖添香”网站改版，我错过了给自己的空间升级的时间，寒蔷薇以及那些文字，在网络上永远消失了。我自责、难过了好长一段时间，想了很多办法去寻找，后来在一个收藏夹里找到了几篇，但除了收集在这本书中的几篇文章，能存留下来的就只有下面这两篇不成诗的诗稿了。

七月怀思

寒蔷薇

一

伫立在七月的岸边，
握一大把岁月的冷艳，
独倚夕阳，
晚风摇落满地的思绪……

落霞，燃尽了激情，融进了暮色。
再次举起七月的酒杯，
斟满怀恋与赤诚，饮下岁月的风华，
把风的心事藏进记忆的花蕊。

二

那场淅沥了一季的“雨”
湿透了七月的梦魇，
缠绵进岁月的潮水，
而那生命绝响的音律，
却至今轻萦在我怀想的耳畔。

雨，剪不断狂想的思绪，
雨，剪不断岁月的凝望与叹息，
你对我说：“雨”，会浸润我们的爱，悠长我们的相思，那是让我唯一不再伤感的理由。

三

在歌天涯，
思绪漂泊在风尘里。

何止是这七月的缠思，
又何止是这缥缥缈缈的心事，
路边，每一朵儿浅紫的芬芳便是一份牵缠的寄予，
而心呀，就在这一份份寄予中变得愈加清澈。

四

七月，
在挂着弯月的枝头，
冷浚进岁月的苍茫与无言中……
有牵系、有不舍……
或许，这些都不重要，
重要的是：生命里便也弥散出淡淡的芳香……

生命里的那片苍翠

寒蔷薇

我疑心那段渐去渐远的日子
已生长在我的血液里。
每当清风拂过，
那些生命里的所有感知
就会浮上眉梢，浮上额头，

漫山遍野地漫过我生命的原野。

我空下去的手掌
开始舒展，开始柔软，开始变绿，
尔后长出一片葱郁。

也许是梦里飞出的一颗蒲公英的种子，
轻轻落在我必经的路，
它一路随我而来，我一路追它而去，
我们每走过一段路，就会悄悄长出这样的一片苍翠。

有时候，
一棵树就是一片森林，
一朵云就是一个天空，
一滴水就是一片沧海，
一段日子就是一部人生。

而我手中的这段日子
就是我美丽生命之所在呀！
一千次的呼唤回应在其中，
一千次的奔跑留在其中，
一万个梦梦在其中……
风吹过，雨淋过，阳光哺育过……
愈久愈深刻，愈梦愈葱茏。

一个日子跟着另一个日子，

一个梦牵着另一个梦，
你不用刻意去修剪，也不用刻意去挽留，
不管你走了多远的路，
当你蓦然回首，它就玉立在你的面前，
成为你生命里的一部经典。

啊！那片用我的爱繁衍出的苍翠，
绿了我的生命。

不管这些文字，成不成诗，它们都是我的诗，是我的歌，是我留给那段时光最珍贵的东西。

后来，我把笔名改成了梅子，我想，寒蔷薇或许不属于我，她属于那片“心园”，属于那段难忘的时光。梅，是我一直都心仪的一种花儿，“梅花香自苦寒来”，就让这梅子来为我的生命坚守吧！

我真正的写作是从写《拿什么送给你，我的学生——追寻有“灵魂”的教育》这本书开始的。虽然，那时我的思想还不够成熟，文笔也难免稚嫩、拙笨。但我是用心在写，用生命在写。我沉浸在对教育深深的思考中，沉浸在写作带给我的感动中，一种从没有过的责任感、使命感，萦绕着我、召唤着我，让我去不停地想、不停地写，也不停地去探索。

我也深深地体会到，教师如果不读书、不思考、不动笔，就永远不会成为一个好教师。但这种读思写，不能仅限于专业类，还应包含生活的各个领域。

于是，我努力扩张自己思想的疆域，学会品尝四季的诗意，从自然的季节到生命的季节，学会去过精致的生活。

“我们的心灵境界愈是广大，我们的思想世界就愈是广大。”努力生活，让我看到了一个明丽世界。

于是，我用文字去编织这种明丽，重现这种明丽。我相信林清玄先生曾说过的一句话："美好的创作不是玫瑰剪枝，而是走入田园去看那些盛开的玫瑰，若能瞥见玫瑰的精魂，玫瑰在心里就永远不谢，永远留香。"真的，在这样的编织中，我看到了精灵般飘飞的雪花、那充满诗意的草原、孩子们那花朵般的笑脸，听到了山泉音乐般美妙的声音。

把文字作为知音，品味岁月流过心头的味道，斑斓的韶华，也被永久地定格在那页淡香的倾诉里。生命留香在文字中，生命会老去，而文字却可以帮助我们回到过去，重现美好的岁月。

我想，这就是写作的魅力，我是在用文字，编织着我生命的锦衣。

似水流年，生活让我放弃了很多东西。但我却从来没有放弃写作。可以说，写作已经成为我生活的一部分，成为我生命的表达。

让心和四季在一起，和自然山水在一起，和文字在一起……每天都有新的开始。

心灵有家，生命才有路。

回归自我、回到本心，听生命内在的呼唤，看心与路一起舒展，这，恰是我所追寻的一种幸福。

而这幸福，就在不辍的笔尖和凝思中潺潺流泻，旋然绽放、芬芳隽永……

倾听生命内在的呼唤

在浩渺的宇宙里，无边的虚空中。最大最有力量，或者最小最卑下的，就是你自己的心，没人可以让你更庄严，也没有人可以使你更卑陋，除了你的心。

我和子清已经有十二年没见面了，他昨天打电话说，他要办个个人画展，约我们几个小学同学一起去参观。接到这个电话，我着实兴奋了好久，为这久别的聚会，也为子清的“圆满”。

子清是我小学的同学，他从小就喜欢绘画，而且极具绘画天赋，他从小的志向就是当一个画家。可生活常常不以你的意志为转移，子清大学毕业后，他父亲坚持让他去了北京的一个汽车公司上了班，因为子清的舅舅在那个公司是个大领导，凭着这个，再加上子清的能力，听说子清在那很快就发展得很好。

可是十二年之前，子清忽然打电话来说，他已经回到内蒙古，在呼和浩特的一个装修公司做设计员，有自己的设计室，平时没事的时候就在那里画画，我接到这个电话后真有点吃惊，也很为子清惋惜，做得好好的工作，说辞掉就辞掉了，自己又能混成啥样呢。

2002 年我去呼市参加培训学习，顺便去子清那里小聚了一下，他还是上学时的那样，一说话就笑，但比以前沉静了很多。我问他，“为什么说回来就回来了？”他淡淡地答道：“我应该就是这里的人吧，因为回到这里，我的心才感到安静。”“那你的父亲答应吗？”我又问他。“慢慢说吧。”“那你妻子呢？”“一块儿回来了，她也喜欢这边。”他依旧淡淡地答道。

我和子清一起参观了他的画室。呵，他还真在这里搞起创作了。墙壁上、桌面上到处摆着他的作品。

我不知道，子清所谓的安静是什么，但我却能感觉到，子清正创造着自己的一片天地。他现在的生活很宁静、很充实，他喜欢这样的宁静，这样的充实。

相比子清，我真有些自惭形秽。这些年来，我常常被生活裹挟而去，迷失在匆匆岁月的河流里，看不到自己的心，有时甚至感觉离开自己已经很久很久。子清的归来，让我有了省思。

> 我的生命里充满了什么曲调，只有我和我的心知道。
>
> 我为什么守候，我向谁求什么，只有我和我的心知道。
>
> 清晨像一位朋友，在我们门前微笑，夜晚像一朵花在树林边降落。
>
> 琵琶的音乐早晚在空中浮动，它把我的心思从工作上引走。
>
> 这是什么调子，到底是谁在弹，只有我和我的心知道。

正如泰戈尔诗中写的那样，我真正想要什么样的生活？哪里才是我的彼岸？只有我和我的心知道。

我羡慕子清，这么多年来，他从来没有离开过自己，他一直是清醒地、觉悟地生活着。生活中，很多人缺少的可能正是这样的清醒和觉悟。

什么是觉悟？台湾著名作家林清玄说：觉悟就是“学习看见我的心。”

林清玄在他的文章《从生命的最底层出发》中曾写过这样的一个故事：有一天，他在报馆里等待看样刊，无聊的时候就翻开了一本书，开篇第一句话说：“到了30岁的时候，要把全部的时间用来觉悟。如果到了30岁还没有用来觉悟，就会一步步走向死亡。”他当时很震惊，因为那时他已经过了 30 岁了，却完全不知道觉悟是怎么回事。他开始思考，什么是觉悟。不久之后，他辞掉了所有的工作，到山上去闭关，去清修和思考，开始走进佛教的世界，清修持续了三年。

三年后，他觉得自己已经有了很多领悟，明白“觉”就是“学习看见”，“悟”是“我的心”，所谓“觉悟”就是“学习看见我的心”，因为心恋红尘，他决定下山。

以后的生活，他一直是在从事他挚爱的写作事业，他把自己所有对生活的感知，变成文字，呈现给生活，也呈现给这个世界。

他也在不断的“觉悟”中，悟得生活真谛和百味人生。

他的成功论说：“成功是今天比昨天更慈悲、更智慧、更懂爱与宽容”，他的柔弱心说：“柔软心是大悲心的芽苗，柔软心也是菩提心的种子，柔软心是我们在俗世中生活，还能时时感知自我清明的泉源……”

他的世界多元论说：“要认识到这个世界是多元的而不是单一的。这个世界的可怕之处在于，大部分人被训练成单一的人，按照上学、考试、工作、结婚等标准流程活着。这很值得检讨……”

这些源于一个有觉悟作家的心底之音，时时给人带来清凉与澄净，也时时给人以警醒——回到自我，不断倾听生命内在的呼唤，才能有真正属于自己的生活。

被称为中国历史上最富有创造性的思想家、哲学家之一的王阳明的一生即可给我们带来无限省思。

他十二岁的时候就口出“狂言”，不要读书登第做状元，而要“读书做圣人”；十五岁的时候，他独自一人远出塞外考察军事形势，练习骑马射箭，回来后还一心想给皇帝上书，发表他关于防守边疆的见解；考中进士做了官之后，他仗义执言，结果被关进了锦衣卫大狱，被打得死去活来，出狱后还一路遭到追杀；他被发配到远荒极僻之地，天天面对死亡的威胁，结果却在那里悟出了真正的圣人之道；他以病弱的身躯，在茫茫大山之中指挥作战，却战无不胜；他不仅是军事天才，而且精通儒家、佛教、道教学说，并有极高造诣，据说他的“道术”也达到了相当高的境界。

作家董平这样评论王阳明：他是以一种特别的风貌出现于中国历史长河中的，就像一座孤高的山峰，傲然独立。

探寻王阳明先生的人生轨迹，我们不难发现：他一生的拼争皆由“不要读书登第做状元，而要读书做圣人”这一心志指引。他的特立独行，他的“经略四方”的高远之志，他的“致良知”及“知行合一”学说，他的“心学”，他的“务求实用，毋事虚言”的工作原则，无不体现了他一生所追寻的圣人之道，同时也展现了他光明峻伟的人格，坦荡磊落的胸怀，追求真理的情操，生命自由的气象。

那么，王阳明又是如何悟得圣人之大道的呢？最重要的是回到本心。

在王阳明看来，一切事物的道理原本就在自己的心里面，我们每一个人，只要端正自己的心灵状态，就可以恰当地领悟出道理。

可见，心就是罗盘，心就是孕育圣道之沃土。

陶渊明也曾做过几年的官，却因“质性自然”，不愿“以心为形役”、不肯“为五斗米折腰，拳拳事乡里小人”而解绶去职。他归隐田园而笔耕不辍，自始至终坚持高远的理想志趣，以清新自然的诗文著称于世。

陶渊明的归隐，也是出于本心，这是他的一种人生选择，寻求自然山水之灵秀之质朴美好，作为他提炼生活真淳的原料，让心灵达到一种真正和谐的境地。

林清玄、王阳明、陶渊明，还有平凡的子清，他们都是能够主宰自己生活的人，因为在生活中他们能够学会取舍，更重要的是他们不是听命于外在的声音，而是不断倾听生命内在的呼唤，所以，他们做成了最好的自己。

梁漱溟在《这个世界会好吗》一文中说道：“生活是心物之合，亦是心物之争。”说“心之为心，在其能宰制，能统驭，能操纵，能发能收……”

生活不管多么繁复，只要心在，就能主宰，就能找到起点和终点。当我感到迷乱、纠结、茫然、怨天尤人，恐怕就是与自己的心隔离了，我感受不到它的跳动，我听不到它的声音，所以，我迷失了。

我又想到子清，他只是一个非常平凡的人，在这样一个复杂的世界里，他始终能够和自己的心在一起，这不就是人生的一种境界吗？

其实，真正的生活品质，是回到自我，保持心灵良好的状态。在外，不断去寻找生活中最美好的东西；在内，则能居简而依然能创造愉悦的心灵空间。

毕竟，内在涌动的才是让人性走向丰满的原动力。

人生的选择其实很简单：往自己心里感到踏实的地方走不会错。很多时候，我们需要的是：静下心来，听自己的声音。

重要的是有一颗虔敬之心

虔敬，有虔诚，诚敬之意。我从名弟，从很多大成者身上发现，对待任何事情，怀揣一份虔敬之心有多么重要。

前几日，名弟从沈阳回家乡来看望父亲母亲。

闲聊时，他谈起了佛学。

“你信佛了？”我有些愕然地问道。他回答：“不是信，是崇尚。”他边说边给我讲起了佛学“道理”。

看着他一脸虔诚而又兴致盎然的样子，我知道，他再次专注了。

名弟就是这样，对待任何事情都那么认真、虔诚、投入，甚至痴迷。

他曾给我讲过一个故事。

名弟大学毕业那会，一心想在外面闯事业。他选择了沈阳，因为那里是他与他曾经的导师——“疯狂英语”创始人李阳一起演讲过的地方。

一个只有十九岁的小青年，兜里没有几文钱，只身一人，来到了这个他既陌生又熟悉的城市。

他的想法很简单，选择一份自己喜欢的工作，用心做好。

他喜欢演讲，喜欢英语，喜欢像他的导师一样，用他震撼心灵的声音去感召、震撼更多的心灵。

可这件事究竟从何做起，却成了他最初的一个难题。

有一天早晨，他来到沈阳中山广场，发现那里有很多人，散步的、打太极拳的，还有晨读的，他忽然灵机一动——为什么不从这里做起？

于是，每天晨曦微露，沈阳中山广场上，就会出现一个个子不高的男孩子，他身边打着一个横幅，横幅上写道着“我是‘疯狂英语’亲善大使都朋名，每天为您义务领读”。那男孩子就站立在那里，大声地、深情地诵读着。

一天，两天，三天……

跟读的人，越来越多，有老人、孩子、医生、教师，还有军人，大家都聚集到那里，跟着这个男孩子，大声地、深情地读着。

他说：那一刻，他的心中升腾起无限的幸福和希望。于是他送给自己一句话：每天，向着太阳奔跑。

早晨领读，白天和晚上他做家教，因为他还要生活。他每天早晨都必定出现在那个广场上，风雨无阻，因为他的快乐在那里，更重要的是，他不能让等待他的人失望。

一个夏季的早晨，雨下得很大，他一如既往地跑向广场，跑到半路他还想，雨这么大，今天可能不会有人来的。可是，当他跑到那里的时候，他发现，就在他们平日站立的地方，有两个人正打着伞，在雨中静候着。他说：看到那个场景，感觉心里热热的，眼泪伴着雨水一起流淌。

从他的故事里，我看到了一颗虔敬、赤诚的心，在那个广场、在雨中，跳动着——它驱动着这个男孩子，不管是风是雨，每天向着他既定的目标奔跑。为的，只是大家的一份信赖，一份让自己的心可以得到安宁的释放。

后来，名弟在沈阳创办了自己的学校——润才教育培训中心。

2000 年寒假，也就是润才成立的第二年，他邀我去了他的学校。

在沈阳市和平区文化路附近，一套很旧的楼房里，十几间简陋的教室，近 200 名年龄不等的学生，五个和他年龄差不多的年轻人（他的合作伙伴），这，就是润才的全部家当。

条件虽然简陋，但对这几个年轻人来说，却是无限的希望。

接下来的日子，我每天都和名弟一起走进润才，听他教大学生演讲，与学生家长交流，看他给小学生上课。

我惊奇地发现，他不论走到哪个人群中，眼里都会发出一种奇特的光——温暖的、热情的、真挚的……他说："我敬重每一个来听课的人，哪怕他们就站在那里一分钟，我也要认真地讲。特别是那些孩子，他们都是美丽的天使，我们应该用心去呵护他们、引导他们。"

这是我第一次走进润才，也是我第一次与我这个从小就在外读书闯荡的弟弟进行心灵的会晤。

在那里，我又一次被感染、被感动。

如今，名弟的润才学校已经享誉全国各地，他自己也有了深度的发展。我想，正是他对事业、对孩子们的那份虔敬与挚爱，让他舒展开飞翔的羽翼。

是的，走在漫长的人生之路上，怀揣一份虔敬该有多么重要，它会让一个人的心更坚定、更敞亮，甚至走向一个至高的境界。

爱因斯坦说：“对宇宙怀有宗教的感情。”

什么是宗教感情？我想，就是无限的虔敬和痴迷。

深入阅读过《爱因斯坦的宇宙宗教》这篇文章的人都会了解到，爱因斯坦的“宇宙宗教感情”的表现形式大约有六种：一是对大自然和科学的热爱和迷恋。二是对大自然奥秘的体验和神秘感。三是对于宇宙的永恒秘密和世界的神奇结构以及其中所蕴含的高超理性和壮丽之美的好奇和惊奇感。四是对于宇宙的神秘和谐的赞赏、尊敬、景仰以及对宇宙中无限高明的精神所怀有的一种五体投地的崇拜心情。五是面对浩渺的宇宙在本体论上的无限性，面对神秘的世界在认识论上的不可穷尽性的谦恭、谦卑乃至敬畏。六是对自然规律的和谐所感到的狂喜和惊奇。

热爱、迷恋、好奇、惊奇、赞赏、景仰、谦恭、敬畏、狂喜、惊喜……这应该是自我实现者走向成功的心灵状态，这更是一种至高无上的境界。正是这样一种状态，这样的一种境界，才使得这个科学家像虔诚的宗教徒那样，在世人疯狂追求物质利益和感官享受的时代，却能数十年如一日地潜心研究、矢志不移，不为利欲所动。也正是这样一种状态、一种境界，让这个科学家具有了无限的创造力，使他一步一步迈向科学的顶峰。

著名舞蹈家杨丽萍，一生挚爱着舞蹈事业。她说：“什么是舞蹈，舞蹈是我生命的表达。”在杨丽萍唯美的舞姿里，我们看到的同样是无限的虔敬、爱和痴迷。

她在《云南映象》的创作札记中写道：“小时候我的奶奶告诉我，跳舞是为了和神对话；许多年之后，我明白了她的话。每当我在心灵的天地里伸开双臂起舞时，我感觉到臂膀无限延伸、延伸，这时神会握住我的手，我能感觉到我的灵魂从我的身体里飘荡开来，这种美妙的感觉使我的灵魂得到了最清净的安抚。”

这是多么美妙的境界，如痴、如醉、如歌、如狂。

我想，不论是对艺术、对教育、对科学探索、对生活、对爱情……每一个处于这种境界的人，都一定会享受到这样的美妙。

重要的是有一颗虔敬之心。

也谈文化自觉

文化一词，厚重、深远。教育需要文化，企业需要文化，一个人同样需要文化。而文化的形成，并非流水线上打造而成。它需要长期的积淀、浸润，更重要的是走向文化自觉。

我的文化水平很一般，但我愿意去谈谈文化，我力争在我的文字中注入更多文化的元素。因为有文化的东西才有内涵，才能厚重，才能悠远。

但我又深知，一个文化水平不高的人，又能谈出怎样的文化呢？姑且当作我的一次自我反思吧，至少可以少很多压力和顾忌。

从事教育工作近三十年，大家都把我们看成是文化人，至少是文化圈里的人。那时我对文化的理解就是有文凭、有知识、会教书。

而对教育的理解就是教孩子学知识，将来能够考上个什么学校，然后找个好工作、出人头地。

按着这样的思路，我过着教师的日子。

每天备课、上课、批改作业。我教过两年高中语文，后来就一直教初中语文，但无论是高中还是初中，重点都是升学，是分数。而对教师而言，生活中想当然地还伴随着经常进行的命题、考试等。于是，日复一日，备课、上课、批改作业，抑或命题、批阅试卷。我们忙碌着、辛苦着，也烦恼着、忧虑着。因为除了班级多考上几个重点高中的学生所带来的短暂的喜悦之外，我几乎感觉不到一点儿快乐。

一群疲于奔命的教师，领着一群疲于奔命的学生，书山题海，连绵不断，而最终的结果也常常会让人失望、无奈、痛楚。所有的教师都这么过，或许我们的生活注定如此。

后来，有些事突然触动了我，让我终于开始反思。为什么？课堂上总会有那么多学生恹恹欲睡。明明是十几岁的孩子，却精神倦怠、了无生气？为什么？我们平日里认为的好学生，对班级集体的一些活动却无动于衷、躲躲闪闪；为什么我们拼了命去迎战的高考、中考，却让大部分孩子包括教师陷入困境，甚至对生活灰心丧气？

反思是生命的复苏，随着这些问题不断进入我的脑中，我的心也好像慢慢开始活络。

我开始思考，如何让课堂变得生动起来，让更多的孩子参与到学习中来；如何让教师生活变得更有意义，除了教给学生知识，我们还应该教会他们什么。上课的时候在想，参加教研活动时在想，想不明白就和同事探讨，就去翻阅书籍。

与同事的交流研讨，让我的心境渐渐开阔起来。不断地走进书籍，与大师对话，解悟教育内涵，我更发现自己的空洞、虚浮。

有时我甚至感觉，自己真的很愚蠢、可悲。对教育我根本一无所知，但却这般做了十几年的教育，当了十几年的教师！

反思，让我的生命又开始有了新的转机。

我开始尝试改变课堂，多阅读、少做题，让更多的孩子参与到学习中来，这样的尝试，让我看到了孩子们生命的跃动，看到了课堂的变化。课堂，原本是可以这样的。再研究、再思考、再学习，我的教师生活真正有了不同。

第八次基础教育课程改革在全国启动以后，我恰好调入教研室工作。有了最初对教育的反思，我很快融入课程改革的实践中。

教育为什么要进行改变？我们要改变的究竟是什么？我们如何去改

变？对这些问题的思考研究和探索，让我对教育内涵的理解越来越清晰：

教育不是灌输，不是强制，不是分数，而是生命的激发、唤醒和点燃。教育就是成全人、成就人，就是引领我们的孩子追求人类永恒的终极价值、智慧、美和爱，以及以此相适应的信仰。

如此看来，教育是多么美好和神圣的事业！它充满了尊重、信任，充满了爱。教师每天所从事的就是这样美好而神圣的事业，对教育内涵和自己职业的重新定位，真正让我找到了职业幸福的生长点。

生命的苏醒，从觉知开始。

我不知道，这种觉知，算不算是一种文化自觉？但我却能深刻地体会到：一位教育工作者开始思考教育之道，他才开始真正步入正确的职业轨道，也才能算是开始做真的教育。

说到文化，我十分崇尚余秋雨先生对文化的解读："真正的文化是一种自然存在的精神价值、生活方式和集体人格，而不是文化人手上的具体活计。"由此说来，文化是一种价值取向，是一种境界，是一种眼光，是一种生活方式，也可以说是一种信仰。回到教育本身，良好的教育必然蕴含深厚的文化意蕴，好的课堂也必然孕育丰厚的文化元素。

回思十年之多的课改之路，我们需要改变的究竟是什么？

我认为，它不是简单的管理制度的改变、教学模式的改变或课堂教学的转型，而是教育文化的重建。从课堂的角度去说，就是要构建一种新的课堂文化。

顾明远先生认为文化是教育之根，他说："教育犹如一条大河，而文化就是河的源头和不断注入的河中的活水，研究教育不研究文化，就只知道这条河的表面形态，摸不着它的根本特征，只有彻底地把握了它的源头流淌了五千年的活水，才能彻底认识中国教育的精髓和本质。"

我认为，真正意义上的教育实际上就是一个文化过程。教育一旦失去文化，所剩的只是知识的位移、技能的训练和应试的准备。课堂文化，作为一种师生在共同的学习生活中形成的群体精神和价值的存在，它最终使我们的校园和课堂成为师生的精神家园。如果没有文化，没有文化的润泽与支撑，那么，课改就只能停留在技术的层面，或成为一时兴起的“运动”。

让制度升华为课堂精神？让精神激励师生成长？让文化润泽师生生命，这就是文化自觉的作用。

什么是“文化自觉”？

借用费孝通先生的观点，它是指生活在一定文化历史圈子的人对其文化有自知之明，并对其发展历程和未来有充分认识。换言之就是文化的自我觉醒、自我反省、自我创建。

教师要想做到这种自我觉醒、自我反省、自我创建，首先就要学会反思。

费孝通先生在《文化与文化自觉》一书中，引述梁漱溟先生的故事发表了自己的观点：做学问其实就是对生活中发生的问题，问个为什么，然后抓住问题不放，追根究底，不断用心思，用心思就是思想。宇宙无穷，世海无边，越用心思追根，便越问越深，不断深入，没有止境。宇宙万物是通过人而自觉到的，进化无止境，自觉也无止境。

教师的反思同样应该从问题开始，从不断追问开始。在阅读中追问，在实践中追问，在生活中追问，在与大千世界的对话中追问，读书、思考、实践，再读书、再思考、再实践，这样循环往复，教育之道自在心中。经历这样的循环往复，教师就自然成了思想家。好的教师本该就是一个思想家、终身的阅读者和创造者。

文化赋予一切活动以生命与意义，教师的文化自觉决定教育的内涵，有文化的课堂，必须以教师的文化自觉才能成就。

文化所发挥的独特作用，就是顺其自然、积累能量、习以为常、成就品质。觉醒、觉悟、自觉，这样的学校才有文化，这样的教育才有希望。

我要的幸福

我所要的幸福很简单，植一片生命的田园，早起，采一点晨曦，装满一天的清新。夜读，携一缕书香，温暖一个梦境。每天简单坚守：不污染，常持心。

每个人对幸福的理解都有所不同。

周国平先生说：幸福是灵魂的事情。对此，我确有深深的感怀。幸福是心灵的一种感受。

如亚历山大·波普在诗中所写：

仅限数亩父辈祖产，知足呼吸故乡空气
于自家庭园。
牛生鲜乳，田产食粮，
羊群让他不缺衣服；
树木供他夏日纳凉，
冬日柴火足。
多幸福，能漫不经心看韶光年华轻轻流，
身体安康，心灵平静
白日清幽
夜来酣眠；读书休憩
融合为一，闲情雅趣；

最是欢愉。

远离喧嚣，简单、安然……这是不是一种幸福观？

寥寥数笔，却表达了一种淡泊、宁静、超然物外的美好心境。

日子，浓浓淡淡、葱葱茏茏……每天，打捞一段柔柔的时光放在岁月的枝头，静心、守候……这是我对幸福的体验。

我常常有这样的体会：人生无常，幸福与否全在于本心。我们所要的幸福其实就在我们心灵的田园中，在我们的生命里，只要我们用心去体味，就会时时感受到幸福的味道。

我们读书，感觉那里的诗很美，人物很美，那是因为，读书是一种心灵的对话，用心去读，读着读着就读到自己最丰富的内在。文字中承载的情思情感，不断触发我们现实的共鸣，所以，我们会回到自己，回到生命，所以，我们就有了深深的痛、深深的爱，我们的幸福感就从那里生发出来。

日出很美，每一次，当看到那圆圆的、火一样的太阳从东方地平线上冉冉升起，我就情不自禁地沉浸在幸福和喜悦中。黑格尔说：大自然本身包括黎明和日出，其实并没有美丑的问题。蒋勋先生对此这样解读：日出之所以美，是我们看到黎明的时候，唤起了我们生命里的某种感叹。从看到日出的过程里，我们感到蒸蒸日上的朝气，感觉到生命的活泼，感觉到从绝望的黑暗走向希望黎明的柳暗花明。我们看到的不是黎明，是自己的生命，我们把对生命的美好渴望，投射在黎明上。

这正是心灵的一种感悟，它把一切自然之态与自己的生命相链接，所以才有对生活、对幸福丰富多彩的感受。

凡·高从二十七岁学画到三十七岁谢世，在短短的十年里画了两千多幅画。他死后，每一幅都是天价，生前，却连土豆都吃不起。凡·高活着的时候，因为没钱买衣服，穿的都是捡来的旧衣服，七拼八凑走在普罗旺斯阿尔的街道上，只是一个讨人嫌的孤独的疯子。

凡·高说：“麦田吃掉了我好多颜料。”他用弟弟给他买面包的钱换颜料，饥肠辘辘地站在画布前，把自己的“伙食费”一点点地堆在画面上，堆出灿烂的向日葵、忧伤的鸢尾花和无边无际的麦田。

从凡·高的身上我们更可见幸福的来源就在于本心，凡·高画画是为了爱，不是为了卖，他在这薄情的世界上深情地活着，对艺术的爱是他的全部幸福所在。

一个人在物质方面可以不富有，但只要有一个心灵的家园就会时时感受到幸福的味道。

南怀瑾写过一篇文章叫《真正的修行是红尘炼心》，在我看来，炼心，就是修心，就是修炼你的真心、善心、佛心。

如南怀瑾在文中所言：真正的修行不只在山上，也不只在庙里，更需要在社会中。要在修行中生活，在生活中修行。

他还告诉我们，修心的办法其实就是回到心灵：成就内心的真佛，点亮内心的灯光，治疗内心的病患，发掘内心的财富。

我以为，这修心，其实就是要构筑自己心灵的家园，所谓“一念心清净，莲花处处开，一花一净土，一土一如来。”修好心，给心灵一片净土、一片澄明的天空，我们的灵魂就有所依附。

心灵是一个园林，一不小心就会长满杂草，所以，我们需要不断地清除这些杂草，不让它们来扰乱我们的视线。心清净了，才能看见万物的清澈，心明了了，才不因外物而迷离。

正因为如此，我们的心灵需要不断耕耘、培植，高贵、丰富、善良的心灵总需要不断有阳光的照耀，雨露的润泽。

对每一个教育工作者来说，除了要建设好自己的精神家园，还要看护好孩子们的心灵。

周彬教授认为，教育并不是要改变学生的“内心世界”，而是要在学生的“内心世界”播下阳光、正直与积极进取的种子。如果学生的内心世界风调雨顺，如果学生个人意志坚定，那么这些种子会很顺利地生根发芽、开花结果。

看护好孩子的心灵，就是在守护孩子的幸福，就是给孩子一个美好的未来。正如尼采所说：“如果一个人总是生活在内心的充裕和温暖中，就像生活在灵魂的夏日空气中一样，他就很难想象一种极度的陶醉，那种生活在冬季的人破例被爱的光芒和二月艳阳天的温暖气息搔动后产生的那种极度的陶醉。”

前几日看到一位作家这样的一段心灵告白：活到这把岁数，我渐渐不再羡慕别人的生活，唯一羡慕的是，站在公交车站牌下，也能读得进哲学

书的人。周围喧嚣复杂，人人都在翘首望向远方，公交车照样迟缓得让人绝望，唯有那个将自己放进白纸黑字的人，掌控着自己的节奏，时时刻刻都在天堂。

不问车行远去，不闻人声嘈杂，只静守心灵的一方净土，静享心灵的潮汐所带来的愉悦，多好！

我要的幸福也很简单，植一片生命的田园。早起，采一点晨曦，装满一天的清新。夜读，携一缕书香，温暖一个梦境。每天简单坚守：不污染、常持心。每天，在那里静静吮吸生命的芬芳，轻捻流年，静享岁月安然。

坚守的力量

坚守，是一种品行，一种精神。坚守也是一种责任，一种担当，一种执着的信念。

每年的五月十二日，是无锡锡山高中师生们最安静的日子。教室里空无一人，全体师生聚集在操场上，深沉祭奠汶川震灾中罹难的同胞。活动现场气氛庄严肃穆，全体师生默哀一分钟。婉转低回的音乐在会场响起，震中的汶川、逝去的生命、救援场景在屏幕上闪过。学生诵读《铭记》，铭记国家力量，铭记生命奇迹，更要铭记抗震救灾中的爱与温暖，铭记坚强的意义与人性的美丽。

九月十八日，还是在锡山高中，礼堂里全体肃立，唐江澎校长站在最中央，带领全体师生发自心底地呼喊："九一八，我们不能忘记……"

这是留在我的记忆中最感动的两幅图景。每一个去过锡山高中的人，都会有这样的印象：当别的学校正声势浩大地举行高考誓师大会的时候，锡山高中却正在让学生接受心灵的洗礼；当无数学生正不分昼夜鏖战题海的时候，锡山高中的学生却在书海中畅游，在实验室探索。

然而，锡山高中的学生并没有因为没进行考前宣誓而精神萎靡，也没有因为没有挑战更多的试题而名落孙山。相反，他们学会了用心去倾听，用脑子去思考，用自己的双手去创造。他们还学会了不断去眷注他人、孝敬老人、奉献社会。

这就是锡山高中，一个可称为学校的地方。一个值得让我们每个人都深深景仰的精神特区。

锡山高中这些做法的背后，留给我们最大的思考是：一个真正的学校追求的真正的价值是什么？唐校长的不断审思，已经给了我们最好的回答：

> 许多时候，面对“训育标准”独坐耽思，开始了与历史的对话和对教育的深远追问。追问一个个抛出，对话之中终有所悟，而这一个个感悟又一次次澄清迷思，给人以坚守终极价值的信念。
>
> 例如，为何要坚守“身心为先”？德育要引领人走向高尚，而高尚的起点在哪里？走向高尚的现实途径又是什么？
>
> 我们的教学是否将发展人的智慧确立为至上的追求？如何真正发展人的智慧？
>
> 生命的成长又怎样实现“愉悦发展”？精神的丰盈对人的成全又具有怎样重大的意义？

“身心为先，品行为主，能力为重，愉悦发展”这正是锡山高中一直秉承的教育理念，沿着这样的方向，必然引领我们的孩子成为生命旺盛、精神高贵、智慧卓越、情感丰满的人。

在锡山高中，还有几点是坚决不能做的：第一，凡以牺牲学生的身心健康来换取教育成果的事坚决不能做；第二，凡以学生发展来给学校打造品牌（但不利于学生发展的），坚决不能做；第三，体现国家意志的课程方案不能随意改变，不能因为高考不考，就把诸如通用技术、计算机等科目从课表中拿掉，这是一个校长坚守的底线。

坚守本真，为每一个孩子一生的发展负责。这是一种责任，更是一种担当。然而，能做到这样的坚守却不是一件简单的事情。唐江澎校长有一句话令人深思，他说：“实施素质教育，不是观念问题，是良心问题。实施新课改，也不是观念问题，而是本领问题。”真正的教育需要有良心的人来做，才能走向真正的发展和正确的轨道上来。

王阳明的“致良知”学说得非常好，我们每一个人都有“良知”，“良知”就是我们生命的本质，是我们的“本心”“本性”，是我们内在的真正的精神，是我们之所以和其他动物相互区别的本质原因。在我们的生活中，我们要活得像一个人，要活出人的样子，那就一定需要“致良知”，也就是要将我们自己的这种“本心”、这种根本的内在精神用自己的行为表达出来。坚持“致良知”，坚持“知行合一”，我们的生命就会导向一个广大光明的境界。

坚守需要良知，需要行动，坚守还需要百折不回的意志。正如苏格拉底的故事：

> 有一天，一个学生在课堂上问苏格拉底，怎样才能成为像苏格拉底那样学识渊博的学者。
>
> 苏格拉底没有直接作答，只是说：“今天我们只做一件最简单也是最容易的事，每个人把胳膊尽量往前甩，然后再尽量往后甩。”
>
> 苏格拉底示范了一遍，说：“从今天开始，大家每天做三百下，能做到吗？”学生们都笑了：这么简单的事，有什么做不到的？
>
> 过了几天，苏格拉底上课时，他请坚持下来的同学举手，结果，90%以上的人举起了手。过了一个月，他又要求坚持下来的同学举手，只有70%多的人举手。过了一年，他又同样要求，结果只有一个人举手，这个人就是后来也成为大哲学家的柏拉图。

简单的事重复做，艰难的事坚持做，这就是一种坚守。

西西弗斯得罪了诸神，诸神惩罚他将巨石推上山顶。由于巨石自身的重量，它总是要重新滚下去，西西弗斯又必须下山再把巨石推上去。诸神认为再也没有比进行这种无效的劳动更为严厉的惩罚了。而对于西西弗斯来说，朝向山顶的每一次斗争本身就是充足的人生：这块巨石上的每一粒颗粒，这黑黝黝的高山上的每一寸土地，只有对他才构成意义。正是这样一种淡泊中的跋涉、退避中的追求，一种刚硬的精神气质，一种壁立千仞的节操，让西西弗斯成为一个精神站立的人，永远的精神贵族。

有所执着，才能守住教育的魂、教育的根。执着是什么？执着是一种真诚的、全身心的投入与倾注。

我曾去过潍坊广文中学，也曾多次听过赵桂霞校长的讲座。我常想，为什么我们每一个走进广文中学的人，会有一种惊喜、一种感叹、一种感动？因为广文中学是在做着“为每一个孩子一生着想”的事情。广文的背后是文化，广文的精神是坚守。多样化的课程，让每一个学生找到了自我；实验探究、小组协作、教师“搭桥”相融合的高效愉悦课堂，让师生尽情绽放生命的光彩。广文的师生在阅读，广文的师生在怀想，广文的师生在追梦。所以，广文的师生是快乐的，幸福的。

听广文中学赵桂霞校长的讲座，不啻是在品尝一席丰厚的精神盛宴。她在思考如何把教育办成教育；她在呼唤如何把一颗心捧给孩子；她在探索如何让师生在学校活出最大的可能……

放眼全国，多少地区的多少学校也都在呼喊办良好的教育，也在进行课程改革，然而，我们的方向在哪里？我们又坚持了多久？我们是在放眼四顾，还是在听凭内心的呼唤？

当然，像锡山高中、广文中学这样的学校还有很多，它们都在坚守，把人当作人看，尊重人、成全人、成就人，这是教育的一种良知，这也是一种执着的教育情怀。

曾在《教育需要深层次变革》一文中看到这样一段话：面对改革，有两个关键词一定不能放弃：“自由”和“坚守”。前者是对一线改革主体的尊重和激发，后者是对教育规律和教育本质的把握与遵循。从二者中生长出来的“教育内部的力量”，将是推动改革前进的不可忽视的动力之源。

坚持正确的办学方向：不动摇、不懈怠、不折腾。

让我们的师生“在积极期许、充分激励”的阳光照耀下，在体验成功中，走向更大的成功。

岁月留香

怀揣一份淡然，在每一段流转的时光里，捡拾岁月的留香。忽然发现，寂静的光阴里，掩藏着很多美好的东西，只要我们用心去发现和体悟……我曾用诗歌的形式去剪辑这些美好。在此，与大家分享其一，并祝愿我们每一个人，都能多留住一份岁月的馨香。

生命的绽放

雨，润泽了夜，
星空，一望无际的深邃。
思维的脚蹚过灵魂的河流。
一个绝无仅有的时刻，
紫丁香坚守在一扇小窗，
倔强的开放，
把绝无仅有的芬芳弥散在初夏的温床。
一种生命绽放在另一种生命里，
自然而然的燃，
奔腾不息的奔腾。
于是，山野搭起绿色的帐篷，
等待安放一生的收藏。
于是，火烛与夜萤翩翩起舞，
细细编织成梦的衣裳。

黑夜的鞭子抽打过嘤嘤啜泣，
黎明的手掌托起飞翔的翅膀。
当波浪追逐波浪，
当心灵挽起心灵，
疲惫的马儿不再嘶鸣，
时间凝固在祈祷的额际，
美丽的天使，永恒地站立在希望的东方。

永恒的“圣诞”

“平安夜，圣善夜，
万暗中，光华射，
照着圣母也照着圣婴，
多少慈祥多少天真，
静享天赐安眠，
静享天赐安眠……”
乘着歌声的翅膀，
平安夜！当我在圣洁的音律中再次寻你，
你的明媚已擦亮了黑夜的双眼。
星海茫茫，
每一颗星都载着一颗心愿，
神性与灵性的天空缓缓打开。
祝福声声，
每一个梦想重新涂满色彩，
纯洁与本真的心灵徐徐舒展。
红烛万点，
照着夜的每一寸肌肤，
每一瓣雪花都是时间的预言，

美好与祝愿凝结在祈祷的岸边。
流水独享清泉，
夜晚独享圣诞的快乐，
沿着心灵的栈道，
等待圣诞老人赐福的孩子们！
让我们一同迎接扑面而来的季节。

等你回来

我在等你
——等你回来，
夕阳闪烁在树叶上，
我守望着那条小路，
像守望着整个世界。

我在等你
——等你回来，
冷月当空，
一粒星辰，寂静如冰。
钟摆摇曳着时间的光影，
无眠的午夜，
你伫立在梦的源头，
填满一切的虚空，
成就了我心中的永恒。

我在等你
——等你回来，

秋水天长，
水的那边，可有怀想？可有感动？
可有温润滑落心间？
等你，
摇落彩虹，摇落夕阳，摇落星月
等你，我把自己站立成一季的秋天。

心灵挚友

穿越生命的废墟，
心灵走出困乏。
激情的火焰顷刻蔓延，
生命与生命做着古老的识别。
青山抱紧石头，
倾听她深邃的呼吸。
执手间，石头被想象了，丰富了，创造了。
柔情种在心里，
阳光了，诗意了，也流泪了。
心灵与心灵的交汇，
放射出玄妙的光芒。
温柔，美好和信任，
这神圣的三位
织成我灵魂的锦衣，
紧紧包裹着我，
带给我生命的质感，
也给予了我
悠远，深厚与温暖。

附　录

教育，促进生命成长的过程

教育是促进生命成长的过程，这是读都玉茹老师《生命的园子——一个教育者的成长手记》最深刻的感受。作者以自己近三十年的教育生活经历为内容，生动地诠释了教育对于生命成长的终极价值，拓宽了教育的外延，丰富了教育的内涵，对于唤醒教育工作者尤其是一线教师对教育终极价值的追求，丰富素质教育的实践，具有现实意义。

虽然作品内容时空跨度较大，而且用很大篇幅写童年、写阅读、写交友、写旅行，这些内容看似与教育没有直接关系，但是深入地想一想就会发现，贯穿始终的线索恰恰是作者生命成长的历程与教育之间内在的联系。

是“祖父的园子”、家乡的“幸福河”，唤醒了童年时期的作者对大自然的无限向往与深情眷恋；是外祖父说的书和讲的故事唤醒了童年时期的作者对书中优秀人物的崇拜、对外面世界的向往，在她幼小的心灵里埋下了渴望学习、热爱阅读的种子，带给了作者一个无忧无虑、自由快乐的童年。

是阅读丰富了作者的精神世界，让作者跳出校园站在更广阔的视角看教育，以哲学的思维思考教育的价值和生命的意义，在平凡的教学和教研工作中取得了不平凡的卓越成绩，成就了作者平凡而幸福的人生。

是大自然带给了作者无限的灵感，唤醒了作者诗人般的情怀，吸引着作者无数次去“拥抱大自然，去听一听山的呼吸、流水的清响、鸟儿的鸣唱……”让作者“在与自然的交汇中汲取更丰富的精神养料，让生命在一次次的沉醉中，更加通透、舒展、诗意地栖息”，让作者的生活从此不再单调乏味，远离了机械重复造成的精神倦怠，平添了无限的生命激情与活力。

《生命的园子——一个教育者的成长手记》带给我们的启示是：教育的内容不能仅仅停留在教科书上，丰富的自然资源、社会资源和优秀的文化遗产是我们取之不尽、用之不竭的教育资源；教育的空间不仅仅是校园和教室，广袤的大自然和多彩的社会生活更应该成为师生成长的广阔平台；教育的途径不能仅仅靠灌输和说教，要更多地去倾听、沟通、对话、交流和引导，进而去唤醒生命成长的内驱力，“用生命润泽生命”，用“一棵树摇动另一棵树”，可以通过教育教学获取知识，也可以通过阅读、旅行、交友等获取知识。这些启示对于改造我们的学校教育具有现实意义。

虽然新课程确立了“知识与技能、过程与方法、情感态度和价值观”三位一体的课程目标，新一轮课程改革也已经进入了第 16 个年头，但是为了考试和升学，很多教师尤其是中学教师把课程目标仅仅定位在知识与技能的层面，课程资源仅仅限于教科书的内容，甚至窄化为考试的知识，因此“德育为先、能力为重、全面发展”在这些教师的教学活动中就成了空话。

不论什么学科、什么内容，很多教师总是一味地灌输，只关注教学内容和教学流程，不关心学生的学习兴趣和学习状态，学生总是被动地接受来自老师的结论，复杂的学习活动变成了简单的记忆过程，何谈学生的主体地位、主动精神和思维发展？所以“学思结合、知行统一、因材施教”这一新型人才培养模式，在这些教师的教学活动中也只能是纸上谈兵。

为了考试和升学，简单重复的低效劳动几乎占去了师生全部的时间，耗尽了师生全部的精力，哪还有时间和精力去读经典、读名著。很多教师已经习惯了重复低效的职业生活，很难真正走上“自我反思、同伴互助、专业引领”的校本研修之路；很多学生怀揣考高分上名校的功利目标，在父母和老师的双重监督下，在繁重的作业和众多的补课中艰难前行，根本谈不上发展创新精神和创新能力。

为了确保学生的人身安全，校园安装了监控系统，校门增派了专职保安，很多学校以此为由，不让学生参加郊游活动和社会实践，特别是那些在城市出生和长大的孩子，课余和假日时间多被名目繁多的特长班和补习班所占据，很少有时间近距离接触自然和社会，国家设置的综合实践活动课程落不到实处，学生不了解自然和社会，根本谈不上发展实践能力。

深化课程改革，全面落实立德树人的根本任务，全面创新学生培养模式，推动学校内涵式发展，建设现代学校制度，基本实现教育现代化，还要克服很多困难，还有很远的路要走。但愿有近三十年教学和教研生活积累的都玉茹老师的这部《生命的园子——一个教育者的成长手记》，能给一线的校长老师和众多的家长带来有益的启发，让更多的学校早日办成师生生命的乐园。

赤峰市红山区教育局　王洪铭
2016年1月17日

都玉茹和《生命的园子——一个教育者的成长手记》

一气读完都玉茹老师的《生命的园子——一个教育者的成长手记》，已到深夜。读后情怀激荡，深思致远。

《生命的园子——一个教育者的成长手记》，镌刻着都玉茹老师金色的童年、壮美的事业、挚爱的亲人、生命的导师和教育的真谛。

“园子”有多大，心就有多大，她走进心灵做文章，文章震撼人心，堪称精品。既能给自己一省一悟，也能给他人一点一指。

“生命的园子”是都玉茹老师心路的足迹，是她珍藏的美好，是她抓住的阳光，是她微笑的记忆。

“生命的园子”是教育的宣言，是勤奋的乐章；是自由的耕种，是精彩的回放。走进“园子”，可以听她的歌唱、诵她的诗篇，观她的美景；可以分享她的思考和激情；还可以学她的哲理、悟她的心性。

《生命的园子——一个教育者的成长手记》是对生命尊重的艺术，是对生命成长的灵化，是对生命教育的礼赞，从此教育的天空又多了一缕光亮。

《生命的园子——一个教育者的成长手记》收集美文五十多篇，内容大多是对教育的心灵感悟。她的文是以诗人的胸怀和智慧，体现在构思的奇特和跨越，从儿童到从教，从稚嫩到成熟，从哲学到文学，从诗文到教育；用一言一语话纵横，用一点一划说浩瀚。都玉茹提炼了生活、滋润了教育、打造了跨越。

顺乎天性　护卫童心

都老师的成长得益于有一个顺乎天性的童年。

《生命的园子——一个教育者的成长手记》，就是都老师生命成长的伊甸园，是她儿时快乐的天国。她说："教育更要顺乎天性，让儿童长成他自己应该有的样子，绽放出属于自己的光彩！"

种瓜得瓜，种豆得豆。在"园子"种下了阳光、种下了幸福、种下了快乐、种下了远方。

《生命的园子——一个教育者的成长手记》捍卫了童年，护卫了童心。

从教爱教　唤醒灵魂

都玉茹的信仰就是从教。也正如她所说："用一生的时间，做影响孩子一生的好老师。"

从那一天起，她行走在从教的匆匆岁月里，把全身心的爱洒向教育这片沃土，她没有辜负使命，她研究人性、尊重人格。在她从教的十几年中，让她的学生、家长倍感快乐和温暖。正如她的文《让生命如夏花般绚烂》。

她说：教育的本源是追寻灵魂，是生命关怀、灵魂唤醒、生命滋养、精神发育。

浸泡诗书　走近大师

她以书为友，以书为伴，从童年开始，就浸泡在书香里。她读书之多、之广令我惊叹。正如她书中所说，"读书是为了遇见更好的世界。""书是精神的巢穴、生命的禅堂"，"是一扇通往大千世界的天窗"。在读书中，她走向哲学，让灵魂通透，视野拓宽；她走向美学，让眼睛发现、四角清明；她走近诗歌，让生活诗意、心灵本真，她走近大师，让灵魂高尚，走向远方。

多少年来，她艰辛地走在自己朝圣的路上，不惜“饮寒霜，叩长头”，这种执着的精神，也正源于她心中有一个神圣的目标——通往大千世界。

崇山尚水　收藏灵气

走进自然曲千阕，享受人文景万般。

跟随着都老师的脚步，我们一同“浴情山水听物语”，这里，有长江大河的激情，有高山峻岭的豪迈，有小桥流水的柔情。

《美丽的白桦林，你是在等我吗？》亭亭白桦风来晚，袅袅绿叶情动人，展示着大自然的美丽和纯真……

《读你千遍也不厌倦》一展茫茫草原的诗意与壮美。乐者，是一种境界的高远；知乐，是一种高雅的休闲。把自由融化于缕缕的春光之内，把快乐放飞在片片的白云之间……

《杏花·雨》《山的那边还是山》，挥出的是柔情、豪迈，留住的是芬芳。

在她的文字中，我们所看到的，无一不是难收的热望和脚步的高远；给我们的启示，无一不是目见心感和志在笔端。

在她的眼中，总有石上清泉，雨润琴声。在她的心中，总有云天万里，百转人情。在她的笔下，总有梅笑春风，菊写秋浓。

《生命的园子——一个教育者的成长手记》是都老师精神的展演，是文化的积淀。

都玉茹老师是教育理论的探索者，她永不停息地用慧眼去体察、用心灵去感悟、用审美去创造。她是《生命的园子——一个教育者的成长手记》里的一棵大树，是生命园子里的一颗耀眼的星。在《岁月留香》这首激越的诗篇里，有生活琼浆的酿造，有美丽岁月的沧桑，有清脆泉水的叮咚。这美妙的声音，是与大自然的对话，是天籁与人文的结合。

《生命的园子——一个教育者的成长手记》大气磅礴，气象万千。都玉茹在大地中栽种爱心，在长天中收获梦想，在花草中领悟禅意，在日月上汲取光芒……都玉茹美丽大方、气质卓越，眼睛也像一首诗，幽远深邃。她的笔尖上有春夏秋冬，纸上有日月星辰，心中有雷电云风。读懂《生命的园子——一个教育者的成长手记》，才能读懂她的生动和精彩。

都玉茹老师是我心中的文化人，是在高雅中行走的人，因为文化早已扎根于她的内心深处，这就是健康的灵魂。《生命的园子——一个教育者的成长手记》是高雅优美的艺术，是灵魂丰盈的文化，是都玉茹老师从教生涯的静水深流。

都玉茹老师为教育而生，教育的种子早已在她的灵魂中扎根、发芽，定能长成参天大树，让我们翘首以待。

赤峰市喀喇沁旗锦山中学　谭国军

2015 年 12 月 22 日

风递幽香清更远

走进都校长《生命的园子——一个教育者的成长手记》，心儿随之飞扬，情感与之跃动。园子之内，有盛开的四季、变幻的春秋，轮转的瞬息、生命的律动，是作者全部情感意绪物态化的活动标记；园子之外，已然让人触香忘尘、寻香辨景：这是一簇花，绵延处浓淡相宜、郁郁葱葱；这是一幅画，尺幅间笔墨淋漓、泼洒自如。这垄园子的土壤，伏脉千里系于情、纵横四方思千载。

与《生命的园子——一个教育者的成长手记》相识，是偶遇，也是幸会。那在黑暗中摇曳着的八十六束烛光，映照着师生之间难舍的别离之痛，几次让我在斑驳月色中涕泪横流；那扇为失足孩子留着的灯、留着的门，“使我们的孩子们不论是处于拐弯处、挫折中、迷失中……都能够扑‘灯’而来，找到自己前进路径和方向”让我感喟不已；那允许孩子选择做一棵小草的胸怀——“我们容纳了、尊重了作为小草的选择，他们会长得更好”更让我为之动容。

捍卫童年、护卫童心，追求有灵魂的教育，让教育回到常识……任温煦的阳光，抚遍每一颗童心、每一点童趣、每一针萌芽的春草、每一捧满溢的笑脸。处处凝结着一位教育者对教育事业的热爱、坚守、探索与思考，“当教育的终极价值定位于生命关怀与灵魂唤醒的时候，这才是真正的教育、良好的教育；当校园的根本意义定位于生命滋养、精神发育的时候，这才是最丰饶、最美丽的土地。”可谓教育之标的。

读书就是与作者、世界、作品、读者会心会意会情的过程，这个过程，只需要静静谛听、细细品味，在轮回变换中感受时光的美好、感受作者的情意起伏、感受世事沧海的变迁、感受纵横南北、广袤天地之外的辽远和开阔。也许这一簇勃发生命力的园子，会让我们抚摸到更为深幽而开阔的世界——教育者的世界。

作者根据自身的成长经历和生活阅历，愈加认识到个体生命的成长所需要的土壤：阳光、水分、自由呼吸的空气、快乐缤纷尽情舒展的空间；在万卷书里聆听圣哲先贤指引、万里路中遍历山川美景浸润……这些都滋养着一树风景的繁茂和园子里生命万物的绽放。

用情至真、至深、至美，倾注着作者全部的热情和激情，有情之处文生香，一切情语皆景语，推开《生命的园子——一个教育者的成长手记》，馥郁芬芳扑面而来——

内蒙古赤峰市翁牛特旗教师进修学校　董永静

2015 年 12 月 31 日

图书在版编目（CIP）数据

生命的园子：一个教育者的成长手记 / 都玉茹著 . — 北京：中国人民大学出版社，2016.7

ISBN 978-7-300-23245-4

Ⅰ.①生… Ⅱ.①都… Ⅲ.①教育－文集 Ⅳ.①G4–53

中国版本图书馆 CIP 数据核字（2016）第 180506 号

生命的园子——一个教育者的成长手记

都玉茹　著

Shengming de Yuanzi

出版发行	中国人民大学出版社		
社　　址	北京中关村大街 31 号	**邮政编码**	100080
电　　话	010–62511242（总编室）		010–62511770（质管部）
	010–82501766（邮购部）		010–62514148（门市部）
	010–62515195（发行公司）		010–62515275（盗版举报）
网　　址	http:// www. crup. com. cn		
经　　销	新华书店		
印　　刷	北京宏伟双华印刷有限公司		
规　　格	170 mm × 240 mm　16 开本	**版　　次**	2016 年 8 月第 1 版
印　　张	16	**印　　次**	2023 年 3 月第 2 次印刷
字　　数	208 000	**定　　价**	58.00 元